交通运输国家级实验教学示范中心系列实验教材

交通人因安全实验教程

主编 ◎ 史磊 郭孜政 冯果

西南交通大学出版社
·成都·

图书在版编目（CIP）数据

交通人因安全实验教程 / 史磊，郭孜孜，冯果主编. —成都：西南交通大学出版社，2021.12
交通运输国家级实验教学示范中心系列实验教材
ISBN 978-7-5643-8444-9

Ⅰ. ①交… Ⅱ. ①史… ②郭… ③冯… Ⅲ. ①交通运输安全 – 实验 – 高等学校 – 教材 Ⅳ. ①U491-33

中国版本图书馆 CIP 数据核字（2021）第 216433 号

交通运输国家级实验教学示范中心系列实验教材

Jiaotong Renyin Anquan Shiyan Jiaocheng
交通人因安全实验教程

主　编 / 史磊　郭孜孜　冯果	责任编辑 / 周　杨
	封面设计 / 吴　兵

西南交通大学出版社出版发行
（四川省成都市二环路北一段 111 号西南交通大学创新大厦 21 楼　610031）
发行部电话：028-87600564　　028-87600533
网址：http://www.xnjdcbs.com
印刷：成都蓉军广告印务有限责任公司

成品尺寸　185 mm×260 mm
印张　6　　字数　127 千
版次　2021 年 12 月第 1 版　　印次　2021 年 12 月第 1 次

书号　ISBN 978-7-5643-8444-9
定价　21.00 元

课件咨询电话：028-81435775
图书如有印装质量问题　本社负责退换
版权所有　盗版必究　举报电话：028-87600562

PREFACE

前 言

进入 21 世纪后，人机工程、认知神经科学、脑科学以及人工智能等学科在研究方法和技术上的不断创新与突破，为人因安全工程的研究带来了新的视角和技术手段。面对这样的新形势与新挑战，交通人因安全工程的教学与科研发展急需改革、重整和扩充传统的教学研究思路和技术方法，以更好地支撑运输工程、交通工程、安全工程以及应用心理学等专业的人才培养。

交通人因工程研究交通运输领域中一切与人有关的因素（人的生理、认知、心理与行为）、作业环境以及交通运输设备设施三者之间的相互作用机制，并利用人因工程学、心理学理论对作业绩效、安全管理和人的健康与舒适性进行系统优化和提升。其研究内容包括：人的生理与心理特性；职业适应性测评技术与方法；工作环境、操作流程、作业方法及其改善；系统的安全性和可靠性；安全管理的理论与应用等。

交通人因安全实验课程，其实验教学的目的不仅是让学生学会操作实验设备、掌握基本实验技术、验证已有结论，更重要的是在这个过程中，学会把握学科发展前沿，根据实验目的进行实验设计，选取实验设备收集实验数据，进行分析论证并最终形成高质量的实验报告，参与一项实验研究的全过程，提高创新实践能力与科学素养。

西南交通大学交通运输与物流学院在交通人因安全实验教学中做了很多有益的探索，实验教学体系的构建以我校交通运输工程国家一流学科建设为契机，以交通运输国家级实验教学示范中心和交通运输国家级虚拟仿真实验教学中心为依托，确立了"夯实基础、培养能力、突出创新、以学生工程实践能力和创新能力提高为核心"的实验教学理念。在系统学习综合交通运输理论的基础上，全方位训练学生研究选题、实验实施、数据处理和报告撰写等多方面的基本科研素质，学生能够独立自主地开展人因安全实验设计，最终成为具备综合交通运输思想的创新型与研究型相结合的安全工程人才。

在良好软硬件的条件支撑下,以及多年的教学改革成果积累,为了进一步科学规范地开展交通人因安全教学,教学团队编写了《交通人因安全实验教学指导书》。本书根据人才培养大纲的要求,首先介绍了实验教学的目标、范围与层次、基本流程与实验设计,详细讲解了交通人因安全领域各种实验设备的使用操作方法,展望新技术与新科技。最后给出教学团队多年来做出的几项具有代表性意义的交通人因安全研究成果,展示其中的研究方法、数据收集与研究结论,培养学生科研创新思维,促进研究创新型专业人才的成长与发展。

本书的出版不仅集合了学院教师们的集体智慧与成绩,还要感谢西南交通大学出版社的大力支持,在此谨向所有参与编写、成立课题,并最终付之出版的领导、老师和编辑致以衷心的感谢!

书中如有不当之处也敬请读者批评指正。

编 者
2021 年 10 月

目 录

第一章 轨道交通人因工程学概述
  第一节 交通人因安全实验教学目标与层次 ……………… 001
  第二节 交通人因安全研究与实验设计 ……………………… 004
  第三节 交通人因安全实验系统及设备 ……………………… 013

第二章 生理及心理适应性检测基础认知实验
  第一节 感觉阈限测量实验 …………………………………… 063
  第二节 信号检测法实验 ……………………………………… 066
  第三节 暗适应测试实验 ……………………………………… 068
  第四节 闪光融合临界频率测试实验 ………………………… 069
  第五节 深度知觉测试实验 …………………………………… 070
  第六节 瞬时记忆广度测试实验 ……………………………… 071
  第七节 动作稳定性测试实验 ………………………………… 072
  第八节 学习迁移能力测试实验 ……………………………… 073

第三章 人因安全综合创新型实验
  第一节 驾驶员简单反应时间预测实验 ……………………… 075
  第二节 基于脑电信号的驾驶持续性注意水平识别实验 …… 078
  第三节 模拟驾驶环境下驾驶员反应抑制能力
      及其脑电机制实验 …………………………………… 081
  第四节 基于多导生理信号融合的驾驶警觉度水平识别实验 ⋯ 087

第一章　轨道交通人因工程学概述

第一节　交通人因安全实验教学目标与层次

实验的核心要素是创新和实践。实验教学的直观性、实践性、探究性是区别于理论教学的特有属性。在《教育大辞典》中，对于实验教学是这样界定的：实验教学是指实践性教学的一种组织形式。学生利用仪器设备，在人为控制条件下，引起实验对象的变化，通过观察、测定和分析，获得知识与发展能力。在高等院校的人才培养中，实验教学更是教学任务中的重要组成部分，操作实验，不但让学生对课堂学习的理论知识有了直观的认识，更是在培养学生综合素质和创新能力方面发挥着不可替代的重要作用。

交通人因安全实验教学设计高度契合教学培养大纲的要求，根据大学生的成长规律，分阶段确立实验教学目标，设立不同层次，难度循序渐进、螺旋上升，启发科学创新思维。下面，我们主要介绍交通人因安全实验教学的三维目标，以及建立在这些目标之上的层次设计和要求。

一、交通人因安全实验教学的三维目标

（一）目标维度一：掌握并灵活应用实验方法

在本科实验教学中，使学生能够学会基本的实验操作方法，是实验教学的最基础目标和起点。实验要取得实效，需要有正确的方法。本科实验教学，不是仅仅向学生传授实验知识和操作技能，使学生了解"是什么""为什么"和"怎么做"，而是应该教给学生如何通过实验来掌握解决问题、认识世界的方法。

1. 什么是实验方法？

实验方法是指与实验相关的科学方法，这些科学方法是实验活动经验程序化、规范化的结果，是科学家群体在长期实验研究过程中所形成的一整套有效的思维方式和操作规则。实验方法同时也是学生获得知识的重要手段。学生掌握了实验的方法，不仅可以运用自己的智慧去进行实验活动以探索未知，而且可迁移到其他方面，在科学研究、日常生活和社会生活中都可以发挥巨大的作用。在本书中，实验方法是以实验技能的形式体现的，例如，观察、测定、记录等操作实验的方法和设计实验的方法隐含在实验内容之中。当然，还有最重要的，我们要知道一项实验研究的经典程序，这

在本书最后一章的创新型实验中有所体现。下面我们将对实验研究的基本程序进行简要介绍。

2. 交通人因安全实验研究的基本程序

（1）课题的选择与问题的提出：课题的选择与问题的提出是研究的第一步，也是最重要的一步。如果选题没有价值，那么后面的环节处理得再好，也没有任何意义。课题的来源既可以是实际的需要（例如，疲劳驾驶是引起交通事故的重要原因，它的人体机制是怎样的，有什么规律，如何干预），也可以是理论的需求（一般有两个角度：一是从暂时还看不到任何实际用途，但具有重要学术价值的基本理论问题中选取；二是从原有理论与新的研究成果之间所暴露出来的矛盾中选取），还可以通过文献分析获取课题方向。

（2）实验设计的确定：实验设计是为回答问题或检验研究假设服务的，恰当的实验设计是提高研究效度，特别是内部效度的基本保证。在下一节中我们将重点介绍有关实验设计的内容。

（3）被试的选择：一般来说，研究者应该根据所关心的问题的性质、所希望的研究结果的概括程度来选择被试。

（4）材料的选择：材料的选择应该以经济实用为原则。很多时候，研究者需要在预测（前测）的基础上确定实验材料，预测的目的是保证最终所用的材料是合乎要求的材料。

（5）仪器的选择和程序的确定：仪器的选择一般也应以经济实用为原则。实验程序涉及很多细节问题，如每个刺激的呈现时间、不同刺激的间隔时间、对被试的反应是否给反馈等。这些细节都应该是在充分参考文献中的方法细节，经深思熟虑之后确定的。

（6）数据的采集和分析：交通人因安全实验中，要求被试完成某种实验任务。研究者一般需通过使用指导语（instructions）来向被试交代有关实验过程和实验任务的细节，以便被试有所准备。实验过程中，主试应该注意观察个别被试的个别特殊反应并做记录。实验结束之后，主试应注意询问被试的主观感受，并对被试的主观报告进行记录，以备日后分析。数据分析方法的确定，不仅要考虑所采用的实验设计的类型，而且要考虑进行特定统计分析所要求的基本假设，以提高研究的统计结论效度。

（7）对数据理论意义的讨论和结论的推论：从数据到理论是任何一个完整的实验研究所不可缺少的一个基本环节。实验结果和结论是有区别的，前者是指数据本身，而后者则是数据在理论意义上的升华。结果永远不能取代结论。

（8）撰写论文并提交发表：一篇完整的研究论文包含了摘要、关键词、题目、前言、方法、结果、讨论及参考文献几个部分。

至此，一个经典的研究程序结束，本书主要关注实验设计、实验操作和数据采集分析部分。

（二）目标维度二：科学态度

实验过程是认知、情感和行动协同进行的过程，养成科学的态度是实验教学相对于其他教学组织方式中所特有的培养目标。我们知道，科学实验本身就要求具有忠于事实、实事求是的科学态度。在实验过程中，为了取得可靠的实验事实和现象，必须坚持实验观察的客观性，克服主观性和头脑中的任何偏见，坚信实验事实，尊重观察到的真实现象。如果实验失败，就应该运用理论思维对失败的原因进行认真的分析和探讨。因此，实验教学过程也是科学态度的培养过程。

（三）目标维度三：实验能力

实验教学促进学生实验能力的提升，这是本科实验教学最根本的目标。实验能力是在实验活动中形成和发展的、直接影响实验活动效率、保证实验活动顺利进行和完成的个性心理与生理特征。20世纪90年代初期以前，教育教学界将实验能力狭义地理解和定位为实验操作能力，从而导致在实验教学中把实验能力的培养简化为实验操作技能的培养。广义的实验能力应该覆盖实验活动的全部过程而不只是一部分，具体包括：选择和确定实验课题的能力；设计实验方案的能力；实验操作能力；收集和处理实验事实、实验数据并做出结论的能力等。培养学生选择和确定实验课题的能力是非常必要的。当今高等教育改革的一大主题是培养大学生的创新精神和实践能力。要创新，首先要能够提出问题，并根据已有条件去确定研究的课题。拥有实验能力对于大学生以后进入工作岗位独当一面、进行研究，或者进行产品设计、项目管理等，都具有重要意义。

二、交通人因安全实验教学的层次与要求

在交通人因安全实验教学中，将实验研究分为两大层次，第一层次是基础认知型实验，第二层次是综合创新型实验。

（1）实验层次一：基础认知型实验。

基础认知型实验属于较低层次的实验教学目标。在基础型实验中，首先对人因安全研究设备与系统进行基本的认识和操作，然后由实验教师提出实验方案，学生在教师指导下独立操作来实施实验方案。学生参与的实验活动，具体包括实验操作、观察、测定、记录、整理、思考和概括结论。基础型实验的教育价值是非常有限的，可以加深学生对所学理论知识的理解，培养学生正确地使用科学仪器，学习实验方法规范，丰富学生的实验操作经验，培养学生的实验操作技能和动手能力。

（2）实验层次二：综合创新型实验。

综合创新型实验是实现高层次实验教学目标所必需的实验类型。教师只向学生提出要解决的问题，进行课题定向；学生在教师的指导下，根据给定的具体实验任务、可使用仪器设备和场地的条件，自行设计实验方案，并实施实验方案，撰写实验报告。综合创新型实验要求学生综合运用所学知识和技能设计出实验方案，经过交流、讨论

和教师咨询、指导后，由学生在实验室中进行实验。因此，学生的自主性和学习积极性可以大为提高，有利于培养学生运用实验手段来分析、解决问题的能力和创造精神。探究型实验是在设计型实验的基础上，由学生自己提出一个要探究的问题，这类实验的活动几乎全部都由学生完成。由于要独立地发现问题和解决问题，会促使学生产生高度的责任心和热情，以认真和实事求是的科学态度来解决问题，其科学素养可以得到全面锻炼和提高。

第二节 交通人因安全研究与实验设计

交通人因安全研究的目的就是揭示影响交通人因安全的因素及其背后的规律。像其他科学研究一样，在这个过程我们一是要提出问题，二是要采用科学规范的研究方法回答提出的问题。

通常来说，进行人因安全研究可以采取以下两种途径。第一种是描述性研究（descriptive study），是指在自然状态下收集数据，对现象进行系统描述，包括标准化的自然观察、问卷调查或访谈，还包括相关研究（correlational research）、非干预性的个案研究（case study）以及定性研究（qualitative study）等，特点是只对某种现象进行客观记录和描述，而并不改变其形状。第二种是实验研究（experimental study），实验研究对变量之间的因果关系感兴趣，其特点是，系统操纵或改变一个变量，观察这种操纵或改变对另一个变量所造成的影响，在此基础上揭示变量之间的因果关系。本书主要关注的是交通人因安全的实验研究，下面我们主要介绍在实验研究中需要关注的方面。

一、实验变量

所谓实验研究中的变量，是指研究者感兴趣的、可以潜在地发生变化的事件和现象。实验中存在的变量有自变量、因变量和额外变量三种。

（一）自变量及其操纵

1. 自变量的含义

自变量是研究者能够控制的变量，它是引起因变量变化的原因。自变量随着研究目的和内容的不同而不同，如脑负荷水平、疲劳程度、照度、声压级等。自变量的变化范围应在被试的正常感知范围之内，并能全面反映对被试的影响。

2. 自变量的操纵

确定自变量合理的变化范围，是研究者得出正确结论的基本前提。那么怎样操纵自变量的变化范围呢？经过前人的总结，有以下的途径。首先，可以通过查阅相关文献，获得必要的知识。例如，通过查阅文献，我们了解到，视锥细胞的暗适应大约需要 5 分钟，而视杆细胞的暗适应大约需要 30 分钟。因此，如果我们想研究两种细胞的暗适应过程，那么，两种细胞暗适应时间的变化范围可分别确定为 0~10 分钟和 0~40 分钟。其次，为了确定合适的自变量的变化范围，有时有必要进行一些预备实验。

（二）因变量及其操纵

1. 因变量的含义

因变量是实验中由操纵自变量而引起的被试的某种特定反应，是研究者所观察的变量，如反应时、错误率或阅读速度等行为指标，以及事件相关电位的波幅、潜伏期和头皮分布等电生理指标等。

2. 因变量的控制

为了观察操纵自变量所引起的被试在行为或神经活动上的变化，我们需要选择恰当的因变量进行测量。一般认为，良好因变量需要具备四个特点。

（1）容易观察。以反应时（从刺激开始呈现到反应动作开始之间的时间间隔）为例，反应时可通过计算机自动测量和记录，因此容易观察。

（2）容易数量化。反应时单位为毫秒，可相当精确地进行记录。例如，一种名为 DMDX 的实验软件（Forster & Forster，2003）所记录的反应时精度为毫秒级。

（3）经济可行。反应时可通过计算机自动测量和记录，也比较经济。

（4）信度和效度高。信度（reliability）是指测量的稳定性或可靠性的程度，或者说，信度是指用同一个测验对同一组被试进行多次测量时结果的一致性；效度（validity）是指所使用的测量能够达到测量目的的程度。信度和效度的概念在随后还会详细介绍。在人因安全领域，反应时测量具有良好的信度和效度。

（三）额外变量及控制

1. 额外变量的含义

额外变量也称混淆因素、干扰变量或无关变量，是指引起实验条件和控制条件之间差别的、研究者并不打算观察其效应的因素。控制额外变量的影响是实验设计的一项重要任务。

2. 额外变量的控制

额外变量可以分为两类。一类是随机的额外变量，是指偶然起作用的额外变量。通常无法绝对避免随机的额外变量的影响，但可以降到最低程度。随机的额外变量所造成的误差称作随机误差，是指不能加以控制、也很难明确解释的变化，是一种实验误差。通常的解决办法是增加被试数目和试验次数；另一类是系统的额外变量，是指经常地、稳定地起作用的额外变量。这种额外变量如果不加控制,就会造成系统误差(也称常误,constant error,简称 CE)。通常所说的额外变量的控制,指的是对系统的额外变量的控制,本节介绍七种常用的控制方法。

(1)排除法。

做法是把额外变量排除在外,例如为了避免环境噪声所造成的系统干扰,听觉实验一般要在隔音室里进行。在人因安全研究中,为避免主观因素对数据的影响,研究结束之前,被试并不被告知研究的真正目的,这种做法也称为单盲;更严格的做法还要求研究结束之前,就连主试也不知道研究的真正目的,这种做法称为双盲。

排除法的缺点是容易造成研究结论缺乏生态学效度,也就是研究结果应用于现实世界中的程度会受到影响。

(2)对立法。

所谓对立是指额外变量和自变量的效果对立。例如,在研究视觉复杂度如何影响图片命名反应时的实验中,研究者设计了三种复杂度水平。假设该研究者除了没有对熟悉度进行控制之外,对其他一些可能的额外变量,如图片名称频率进行了控制。三种水平(A1,A2,A3)中每种水平的实验所包含 20 幅图片的平均的视觉复杂度,以及相应的熟悉度和反应时的平均数。结果显示,视觉复杂度是 A3>A2>A1,反应时是 A3>A2>A1,即视觉复杂度越高,反应时越长。然而,由于熟悉度没有得到控制,所以,延长的反应时未必一定是视觉复杂度(自变量)的增加造成的,它也可能是熟悉度(额外变量)的降低引起的。如果这种怀疑成立的话,那么,三种条件之间熟悉度的变化模式应该是:A3<A2<A1。然而,实际的情形是:A3>A2>A1,这说明上述怀疑并不成立。因此,A3 条件下反应时最长,只能是视觉复杂度的贡献,而不可能是熟悉度的作用。上述推论实际上使用的就是对立法的逻辑。

对立法也存在局限性。当对自变量作用的绝对量感兴趣时,研究者不能使用这种方法。

(3)恒定法。

恒定法在实际应用中可以对实验场所、实验时间、主试、被试性别、被试受教育程度等因素进行恒定。

恒定法的局限就是将额外变量恒定在一个水平,研究结论无法推广到额外变量的其他水平。

(4)随机化法。

随机化法是实验研究中用于控制额外变量的重要方法。通常采用对被试进行分组,也就是随机分派被试的方法,被试数量越多,随机分派创设出相等组的机会也越大,因此很多实验对被试人数有更多要求。还有一个方法是随机安全试验顺序。我们通常用一个办法进行随机排序,首先将实验材料进行编号并输入 Excel 软件中,利用 RAND 函数将实验材料编号进行随机化排序。

(5)匹配法。

当被试数量较少的时候,为了把被试分成相等的几个组,可采用匹配法。例如,探讨三组中学奥林匹克选手对某种问题解决方法应用的效果。研究人员先对被试的智商进行测量，根据智商平均数匹配出智商水平接近的三个组（三个组的智商测量平均数之间是否显著差异需进行统计检验）。

匹配法的局限性在于，对匹配那些额外变量需要被试准确的认识，还有如果匹配的数量过多，会存在操作上的困难。

（6）兼作组法。

为了消除不同被试这一额外变量的特点，由同一组被试完成所有的实验处理或兼做控制组和实验组，也就是重复试验设计。使用兼作组法时，由于同一个被试接受全部条件，每个条件至少试验一次，因此不同条件的试验顺序的安排是研究者面临的一个重要问题。这就是容易产生我们所说的练习效应和疲劳效应。为避免这两种效应，可以采用随机化法安排试验顺序。

（7）抵消平衡法。

平衡抵消法是通过采用某些综合平衡的方式使额外变量的效果互相抵消以达到控制额外变量的目的的方法。这种方法的主要作用是控制序列效应。如果给被试者施加一系列以固定顺序出现的不同处理，被试者的反应将会受到时序先后的影响。如果先后两种处理在性质上无关，就会产生疲劳的影响。这两种影响都可以使实验发生混淆，因而要加以抵消。如果只有 A、B 两种处理，最常用的抵消序列效应的方法是用 ABBA 的安排。即对同一组被试者先给予 A 处理，再给予 B 处理；然后倒过来，先给予 B 处理，再给予 A 处理。如果对几组被试者给予两种以上的处理，为了抵消序列效应则可采用拉丁方实验（Latin square experiment）。进入更深入的探讨时可以查阅关于实验设计的相关资料。

二、信度与效度

在交通人因安全研究中，要准确地揭示人-机-环境系统的规律性，所使用的研究方法必须具有信度（可靠性）和效度（有效性）。研究方法的信度和效度是评价研究方法科学性的重要标准。下面我们先了解一下信度与效度的概念。

（一）信度及其估测

1. 信度的定义

信度是指研究方法和研究结果的可靠性，即多次测量的结果保持一致性的程度。如果一个测试的可靠度高，那么，同一个人多次接受这个测试时，就应得到相同或大致相同的成绩。

2. 信度的估测

实际研究中通常用以下三种方法估计信度。

（1）稳定性系数法，也称重测信度，它是指用同样的方法在不同的时间先后对研究对象进行测量所得结果之间的一致性。

（2）等值性系数法，也称复本信度，它是用两种基本相同的测量方法（指测量内容性质相似、形式相同），在极短的时间内对研究对象进行测量得到的结果的一致性。

（3）内部一致性系数法，它是指一次测量中各部分测量结果之间的一致性。

（二）效度及其估测

1. 效度的定义

效度是指所研究结果反映所想要考察内容的程度，测量结果与要考察的内容越吻合，则效度越高；反之，则效度越低。

2. 效度的估测

（1）构想效度。

所谓构想效度，是指研究中所包含的自变量和因变量定义的恰当性。要想取得良好的构想效度，就要对自变量和因变量进行恰当、科学的操作定义。操作定义是指根据可观察、可测量、可操作的特征来界定变量含义的方法，即从具体的行为、特征、指标上对变量的操作进行描述，将抽象的概念转换成可观测、可检验的项目。为了使一个研究具有较高的构想效度，研究者应该通过大量阅读和深入分析相关文献，加强自己在相关领域的理论素养。此外，研究者应尽可能采用多种方法和指标，从不同角度对自己感兴趣的变量进行定义。

（2）内部效度。

内部效度是指研究中各变量间确实存在着一定的因果关系。譬如在研究中，研究者发现，随着目标亮度的增大，观察者的效绩（反应时间、判读正确率等）也在提高，并且排除了其他因素作用的可能性。这种研究就具有内部效度，即其效绩的改变的确是由于照明水平的变化引起的，两者之间存在着因果关系。

（3）外部效度。

外部效度是指某一研究的结论能够在多大程度上推广和普及到其他的人和背景中去。例如，在实验室条件下研究得到的学习曲线是否能应用于实际生产作业中，若是，则表明该研究有较高的外部效度。

（4）统计结论效度。

统计结论效度是指在多大程度上研究者恰当地运用统计学，并且由统计分析得出合适的结论。影响统计结论效度的因素一般有以下几点：一是研究者进行了错误的统计分析，或者违反了进行特定的统计分析所要求的一些基本假设，例如，F 检验要求总体服从正态分布；二是研究者选择性地报告分析结果，即只报告那些符合自己预期的结果；三是研究者尝试不同类型的统计分析，直到发现"显著"的结果为止，这种试来试去的做法增加了错误拒绝 H_0（原假设）的机会，因此犯第一类错误（第一类错误是指拒绝了实际上成立的、正确的假设，为"弃真"错误）的机会也增加了；四是因变量指标不稳定（如以焦虑水平的评定作为因变量指标），误差变异增加，减少了统计显著的机会，研究者容易接受 H_0，因此犯第二类错误（第二类错误是指在进行假设检验时，原假设不正确，然而接受原假设的错误，为"存伪"错误）的机会也就相应地增加了。

三、人因安全实验设计

实验设计从定义上看有广义和狭义之分。广义的实验设计是指科学研究的一般程序的知识，它包括从问题的提出、假说的形成、变量的选择等一直到结果的分析、论文的写作这一系列内容。它给研究者展示如何进行科学研究的概貌，试图解决研究的全过程。狭义的实验设计是指实验具体的计划方案以及相应的统计分析方法，也就是着重解决从如何建立统计假说到做出结论这一段。

为了检验一个处理是否有效，研究者有时需要对两个类似的组进行比较，施加处理的那一组称为实验组，而未施加处理的那一组称为控制组。

一般来说，实验设计可以分为三大类，即真实验设计、准实验设计和非实验设计（前实验设计）。

（一）真实验设计

1. 真实验设计的定义

真实验设计亦称"标准实验设计"，是指实验控制严格服从重复、随机化和局部控制三条基本原则的实验设计。真实验设计应满足：① 随机选择与分配被试；② 准确操纵自变量；③ 严格控制额外变量或均匀分散干扰变量的作用。

2. 真实验设计的分类

（1）单因素设计和多因素设计。

按照实验中所包含的因素的数目，实验设计可分为单因素设计和多因素设计两类。

① 单因素设计。

单因素设计只包含一个因素，该因素至少有两个水平。单因素设计有以下几种常见形式：

A. 典型的完全随机设计。这种设计的特点是，所研究的因素为操纵的变量，包含两个或更多水平，被试随机分派接受其中一个水平，这样，有几个水平，就相应地有几组被试。由于几组被试之间彼此独立，因此，这种设计也称独立组设计（independent groups design）。

B. 匹配组设计。与典型的完全随机设计相同，在这种设计中，所研究的因素也为操纵的变量，不同的是，在匹配组设计（matched groups design）中，不是简单地随机分派被试接受自变量的不同水平，而是首先在某一变量上匹配被试，然后把某一变量上匹配的几名被试随机分派到不同的条件中。

C. 不等组设计。当对年龄差异、性别差异等问题感兴趣，因此所感兴趣的因素为被试变量（如年龄、性别）时，研究者无法做到随机分派被试。这时，研究者所采用的设计为不等组设计（nonequivalent groups design）。当然，研究者仍然可以在某个或某些变量上对被试进行匹配。

D. 前后测完全随机设计。这种设计也称前后测控制组设计，它与典型的完全随机设计之间唯一的区别是增加了前测。最简单的情形只包括实验组和控制组，其逻辑是：如果实验组与控制组之间变化分数差异显著，那么，说明处理有效。这样的逻辑实际上站不住脚，这是因为，两组不仅在有无处理上有差异，而且在是否包含处理与前测的交互作用（交互作用是指一个因素各个水平之间反应量的差异随其他因素的不同水平而发生变化的现象）方面也有差异。因此两组之间分数变化上的差异，既可能是单纯处理的效果，也可能是处理与前测交互作用的结果。

E. 所罗门四组设计。这种设计的特点是，包含两个实验组（一组有前测，另一组没有前测）和两个控制组（一组有前测，另一组没有前测）。同控制组 2 相比，控制组 1 多了一个前测。同样，同实验组 2 相比，实验组 1 多了一个前测。如果把两个实验组之间的比较同两个控制组之间的比较相结合，那么，就可以分别估计前测本身以及前测与处理交互作用对后测分数变化的贡献。这也正是所罗门四组设计设置四个被试组的原因。

② 多因素设计。

多因素设计中包含两个或更多个因素，每个因素有两个或更多个水平，因而产生多种水平结合。每名被试可以只接受其中一种水平结合，也可以接受全部水平结合。

（2）被试内设计、被试间设计和混合设计。

按被试接受处理或处理结合的情况，或者说按究竟是在被试之间进行还是在被试内部进行，实验设计可分为被试间设计、被试内设计和混合设计三类。

① 被试间设计。

被试间设计（between-subjects design），亦称"组间设计"，是指要求每个被试（组）只接受一个自变量水平的处理，对另一被试（组）进行另一种自变量水平处理的实验设计。这种设计的特点是，比较在不同被试之间进行，因此，这种设计又称为组间设计（between-groups design）。

被试间设计的优点与缺点：

试间设计的优点是每一个人只接受一种处理方式，而一种处理方式不可能影响或污染另一种处理方式，因此避免了练习效应和疲劳效应等由实验顺序造成的误差。

被试间设计的缺点有以下几方面：一是所需要的被试数量巨大。由于每一个自变量的每一个水平都需要不同的被试，当实验因素增加时，实验所需要的被试数量就会迅速增加；二是由于接受不同处理的总是不同的个体，因此被试间设计从根本上是不能排除个体差异对实验结果的混淆的，而匹配和随机化技术也只是尽可能地缓解而不是根治这一问题。

根据研究目的，被试间设计也可以分为单因素被试间设计和多因素被试间设计。

② 被试内设计。

被试内设计（within-subjects design），亦称"组内设计""重复测量设计"，是指将所有被试轮流在各种实验条件下接受实验处理，即将所有被试分配到不同的自变量或自变量的不同水平下进行实验。

被试内设计的优点与缺点：

优点是可有效地控制被试变量对实验结果的影响。该设计对于研究阶段性的练习较为理想。

缺点是在一种实验条件下的操作可能会影响后继的另一种实验条件下的操作，而带来实验顺序的问题；而且相同的被试要重复接受不同的实验处理，不可避免地会产生练习或疲劳效应。用完全的平衡方法或拉丁方法，可克服实验顺序带来的缺点。如在视、听觉的反应实验中，可让一组被试轮流对灯光和声音作反应，并用"视听听视、听视视听"的操作顺序加以平衡。

被试内设计也可以分为单因素被试内设计和多因素被试内设计。

③ 混合设计。

混合设计是指在因素设计中，每一个自变量都能设计为组内的，也能设计为组间的。例如被试在交通繁忙的路上开车，测试他们使用手机和不使用手机对驾驶的影响；而另一组被试在交通通畅的条件下，也做同样的两种条件的测试，这就是一个混合设计。

混合设计也可以分为单因素混合设计和多因素混合设计。

（二）准实验设计

1. 准实验设计的定义

准实验研究是指在无须随机安排被试时，运用原始群体，在较为自然的情况下进行实验处理的研究方法。

2. 准实验设计的特点

对比真实验研究，准实验研究有以下特点：

（1）降低控制水平，增强现实性。

准实验设计是在接近现实的条件下，尽可能地运用真实验设计的原则和要求，最大限度地控制因素，进行实验处理实施的，因此准实验研究的实验结果较容易与现实情况联系起来，即现实性较强。

（2）研究进行的环境不同。

准实验研究进行的环境是现实的和自然的，与现实的联系也就密切得多。而真实验设计研究的环境与实际生活中的情况相差很大，是一个"人工制作"的环境。

（3）内部效度低于真实验设计，外部效度高于真实验设计。

准实验设计利用原始组进行研究，缺少随机组合，无法证明实验组是否为较大群体的随机样本，同时任何因素都可能对原始群体起作用，所以因被试挑选带来的偏差将损害研究结果的可推广性，从而影响准实验研究的内部效度，因此在内部效度上，真实验优于准实验设计。但由于准实验的环境自然而现实，它在外部效度上能够且应该优于真实验设计。

3. 准实验设计方法

常用的准实验设计方法有不相等实验组控制组前后测准实验设计、不相等区组后测准实验设计、单组前测后测时间系列准实验设计、多组前测后测时间系列准实验设计、修补法准实验设计等五种。

（1）不相等实验组控制组前后测准实验设计。

这种准实验设计方法通常应用的情况是：需要安排两组被试作为实验组和控制组进行研究，但又不能按照随机化原则重新选择被试样本和分配被试。这是一种典型的准实验设计方法，用于针对不同被试组在一开始就不相等时，进行实验组和控制组后测结果的比较。

（2）不相等区组后测准实验设计。

在研究来自不同总体的样本之间的差别时，研究的主要目的是发现不同样本的特点及其差异的显著性。在研究中，自变量通常是研究者操纵的能诱发和引起样本各种特点表现的情境，因变量是被试在接受这些情境时的行为反应。这种准实验设计的方法非常适用于对不同被试的心理特征进行研究。

（3）单组前测后测时间系列准实验设计。

这种研究设计中只安排一个被试组，进行的方法是：在一个时间段中，按固定的周期对被试组成员进行一系列的某种测试，然后让被试组接受实验处理（如某种与测试内容有关的训练或指导等），之后又按原来的周期安排同样的一系列测试。

（4）多组前测后测时间系列准实验设计。

这种设计在单组前测后测时间系列准实验设计的基础上，增加两个或两个以上的组，这些组可以分为实验组和控制组，也可以全用作实验组。一般情况下会设定一个控制组，因为实验组有控制组做对照，可减少前后测次数。同时，为了能对多种处理效果进行比较，可以在时间系列上增加处理的数量，控制组与实验组同步进行前测和后测，便于将两者的结果予以比较。

（5）修补法准实验设计。

在真实验和准实验中，实验组控制组对比实验的设计一般都让作为实验组的被试接受处理，然后将其后测结果和未接受处理控制组的后测比较。但在有的情况下，研究者来不及找到两组整体相似的被试或难以安排同时开始实验等，因此组织者只能在未做前测的情况下先对经过某种处理的被试进行测试以获得后测结果。这种后测结果没有充分的理由说明是哪种处理产生的，从而不能确定后测与处理之间的关系，为了弥补这一欠缺，在获得另一个整体组被试时，就安排进行与上面做过的后测相同的前测，然后再对这一组被试作同样的处理，并予以后测。通过第二组被试的前后测结果的比较，及第二组前测与第一组后测的情况进行比较来找出实验处理与后测之间的关系。

（三）非实验设计（前实验设计）

非实验设计是一种对现象的自然描述，一般用于识别和发现自然存在的临界变量及其关系，它可以为进一步实施更严格的实验设计积累材料。研究者既不采用随机化程序，也不能主动操纵自变量和控制其他无关变量。

第三节　交通人因安全实验系统及设备

交通人因安全实验系统及设备包含了各种驾驶模拟器、交通作业岗位的模拟仿真操作台（如模拟调度台等）、心理及生理信号检测设备，还有不断研发更新的实时监测穿戴设备等。在这一节，我们主要介绍几种应用广泛、研发成熟的交通人因安全设备。

一、驾驶模拟器

在驾驶人因安全实验教学中，驾驶模拟器发挥着积极作用。由于交通运输生产过程具有"跨时空、多环节、不可逆、高风险、大信息量"的特点，因而引入高度仿真的驾驶模拟器为实验教学服务是具备必要性和可行性的。驾驶模拟器所具备的安全性高、再现性好、可开发性强、成本低的特点，可以安全地进行高速、极限行驶以及非常规状态下的安全性实验；可以多次再现车辆状态和实验条件等因素，随时采集行驶数据；更可以便利地设定各种实验条件，较好地控制实验成本。这些优势在实车实验中是无法达到的，这使得教师和学生能够最大限度地灵活开展驾驶事故人因安全研究、高铁驾驶舱人因安全环境设计、使用道路建模软件进行道路设施人因安全设计、驾驶员适应性检测、驾驶员安全可靠性评价检测等方面的实验教学综合课程设计和科学研究。

驾驶模拟器是集车辆动力学、传感技术、计算机图形学、机器人学、软件工程学、专家系统和控制方法等为一体的多学科系统，主要由车辆实时控制系统、运动系统、视景系统、声音模拟系统、运行监控控制系统、集成信息管理系统和数据传输系统组成。驾驶模拟器通过构建车辆虚拟运行环境，使驾驶人员获得实车驾驶感受。

目前，西南交通大学交通运输与物流学院实验中心设有三台驾驶模拟器，包括公交车驾驶模拟器、交通事件驾驶模拟器和高铁驾驶行为与安全仿真模拟器。下面将一一介绍。

（一）公交车驾驶模拟器

公交车驾驶仿真模拟器是一种人在回路（Man-in-loop）型的仿真系统，由模拟器主题、驾驶台、主控台、视景系统、计算机系统以及网络系统等硬件设备，以及相应的软件系统组成，如图 1-1 和图 1-2 所示。驾驶仿真模拟器采用与客车、轿车、高铁相似的主体结构，通过虚拟现实技术手段完成驾驶员的模拟驾驶过程。客车驾驶模拟器通过运行道路建模软件，可以模拟不同道路条件（山区、平原、城市）和不同气候条件（雨、雪、风）下的道路交通环境，配合心理检测设备，研究驾驶员在不同道路交通环境下的交通行为、生理指标以及眼动数据等。

图 1-1　公交车驾驶模拟器工作实景 　　图 1-2　公交驾驶模拟器整体系统 3D 图

（二）交通事件驾驶模拟器

交通事件驾驶模拟器由教员控制台和模拟器车体构成。教员控制台设备包括教员机、网络交换机以及电源插线板，模拟器车体包括视景机电脑、三通道显示器、驾驶舱、司机座椅以及仿真驾驶操控部件，如图 1-3 和图 1-4 所示。

图 1-3　交通事件驾驶模拟器工作实景 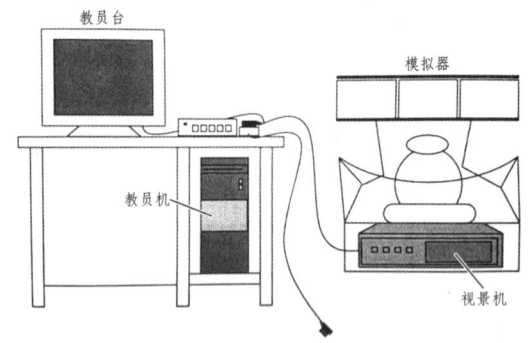　　图 1-4　交通事件驾驶模拟器系统图

（三）高铁驾驶行为与安全仿真模拟器

高铁驾驶行为与安全仿真模拟器（以下简称高铁驾驶模拟器）运用计算机仿真技术与列车动力学、列车控制、计算机图形图像、多媒体、生理心理学、人工智能、行为学等技术与理论，由仿真驾驶舱、数据采集与控制系统、列车设备及运行状态仿真系统等 13 个子系统构成（见图 1-5 和图 1-6），能够高度模拟 CRH380A 型动车组的操纵界面、操作显示设备、控制逻辑和驾驶环境，系统内所有电气、电子、机械、气动系统的逻辑、关联关系均与真实列车一致，可以全面、真实地模拟列车在各种工况和运行环境下的运行状态、操纵特性。高铁驾驶模拟器可以应用于司机疲劳驾驶、作业可靠性分析和驾驶界面可用性等方面的科学研究和实验教学。

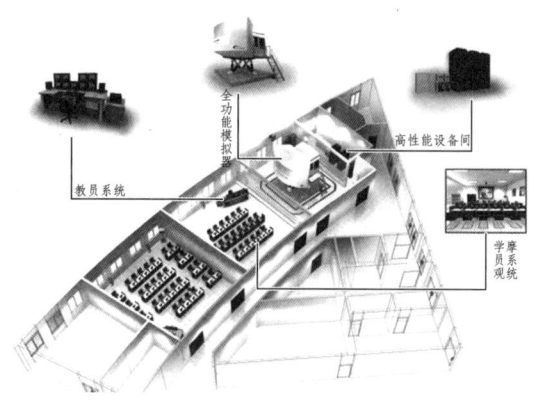

图 1-5　高铁驾驶行为与安全仿真模拟器工作实景　图 1-6　高铁驾驶行为与安全仿真模拟器系统 3D 图

二、高铁行车调度模拟仿真训练台

高铁行车调度模拟仿真训练系统地还原了高铁行车指挥岗位人员从轨道电路、信号机设备、道岔等到调度中心的现场工作场景，并研发设置了应急处置场景，能够实现调度员与列车司机、车站值班员、电务等各个部门的联合演练，如图 1-7 所示。具体包括以下几个子系统：

（1）调度员单操训练、考核子系统。

该模块包括了调度员的基本操作训练包，用于培训调度员对 CTC 调度台的基本操作。

（2）调度员联动多操训练、考核子系统。

该模块包括了多项联动操作任务，基本覆盖了接发列车、设置限速、封锁区间等调度员的常规性基础操作。

（3）应急处置训练、考核子系统。

该子系统内置了多种应急场景，可以完成调度员日常的应急处置训练。

图 1-7　规定调度模拟仿真训练台

三、心理及生理信号检测设备

利用驾驶模拟器可以设定不同的驾驶环境、道路条件、天气和明度条件、交通标志和景观等,在此过程中,连接适应性和心理检测设备,可以达到同步收集驾驶员生理心理数据,并对驾驶员基本认知能力、心理状态、气质性格特征等进行测量,从而能更有针对性地开展深入研究。同样地,当被试在进行调度操作的前、中、后阶段,也可以利用心理及生理信号检测设备对其心理素质和认知能力进行测量,开展相关的实践研究和科学实验。下面我们将介绍几种经典的心理及生理信号检测设备。

（一）脑电仪

1. 脑电仪简介

在了解脑电仪之前,我们要认识一下什么是脑电信号。脑电信号是与反映大脑神经活动有关的生物电位,由皮层内大量神经元突出后电位同步总和所形成,是许多神经元共同活动的结果。通过电极和导线从头皮上或者从大脑皮层上直接将大脑产生的节律性电位变化,传送至特制的记录装置——脑电仪（electroencephalograph）上并记录下来,形成动态曲线,这就是通常所说的脑电图（electroencephalogram, EEG）,反映了大脑皮质的自发脑电活动。

因此,脑电仪是专门记录自发脑电图的专用仪器,一般包括放大、记录、显示器与闪光灯,并含电极或电极帽、导电膏、清洁剂等消耗品,可同时接收 8~256 导脑电信号。其放大部分除具有放大脑电信号的功能外,还具滤波功能,时间常数与灵敏度可以调节。在这里我们主要介绍美国的 Neuroscan 脑电仪（配备 SynAmps2 放大器,以及 Curry 7 Scan 软件）的简要操作流程。

2. 脑电仪实验前准备

（1）准备导电膏（可适当加纯净水）,加热搅拌后抽入针管备用。

（2）开放大器、triger A、反应盒。Stim 机准备好实验程序；Acquire 机进入调电阻状态。

（3）给参考电极、眼电电极上导电膏并将眼电电极相连。

（4）安排被试洗头,提醒用磨砂膏洗眼眶和耳后。

（5）被试阅读指导语,并提醒被试注意：实验过程中不要眨眼,如需眨眼,尽量在两任务之间的间隔进行,实验中头部保持不动。

（6）佩戴电极帽,打导电膏。首先准备成段胶带、纸巾、酒精棉,从前面戴电极帽,CZ 在中间,撑开,拉紧。电极帽的线用胶带固定在椅背或椅侧。酒精棉擦拭贴眼电和参考电极位置,然后胶带固定眼电和参考电极。打导电膏,主试分区域负责,先周围后顶上。打完一遍后再检查调整,阻抗小于 5 kΩ。

3. 脑电仪数据采集

利用 Curry 7 Scan 软件采集数据。

（1）设置放大器参数。

从软件界面左下角的 Workflow 选择 Create Amplifier Configurations,或者点击"工

具栏"中的 ■ 按钮。如图 1-8 所示，从 Amplifier 中选择放大器类型 SynAmps 2/ RT，从 Configuration 中选择设置文件 Quik-Cap 64。

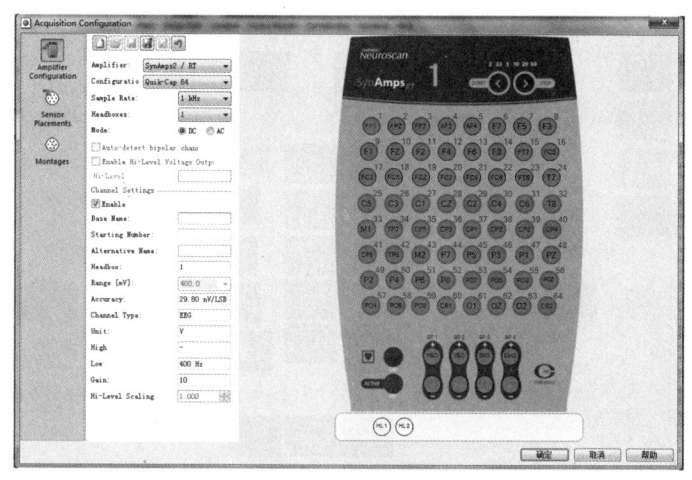

图 1-8 放大器界面

在这里，可以选中对应导联，勾选 ☑Enable，不记录某些导联则去掉勾选；从采样率 Sample Rate 中选择 1 kHz；从 Mode 模式中选择采样模式（DC 或者 AC 模式）。保存创建的设置文件。

（2）开始采集。

从 Workflow 中选择 Start an Acquisition 或从"工具栏"中点击■按钮，打开采集软件界面。进入 Amplifier Control 选项。选择放大器类型，如 64 导设备选择 SynAmps2/RT。工具栏中的图标含义见表 1-1。

表 1-1 工具栏中图标含义

图标	含义
▶	开始采集数据
⚙	三维数字化仪，如有硬件可创建电极与头皮连接的真正位置
Ω	在线显示阻抗
●	开始记录实验数据
■	停止记录实验数据
⚓	基线按钮，建议做实验都选上基线按钮
⚡	自动调节幅值
⏸	暂停记录

（3）视频脑电。

点击菜单栏中的■按钮，如果是电脑自带摄像头，选择"Integrated Camera"即可；如果是外配的摄像头，则选择对应的选项。

（4）在线显示阻抗。

开始采集后，点击"工具栏"中的🔍，即可显示阻抗界面，导联显示颜色对应阻抗的高低，参照界面右下角图标，颜色越接近深红色即对应阻抗较高，颜色越接近浅蓝色则阻抗较低。一般来说，实验要求导联阻抗低于 5 kΩ，颜色应趋近蓝色。

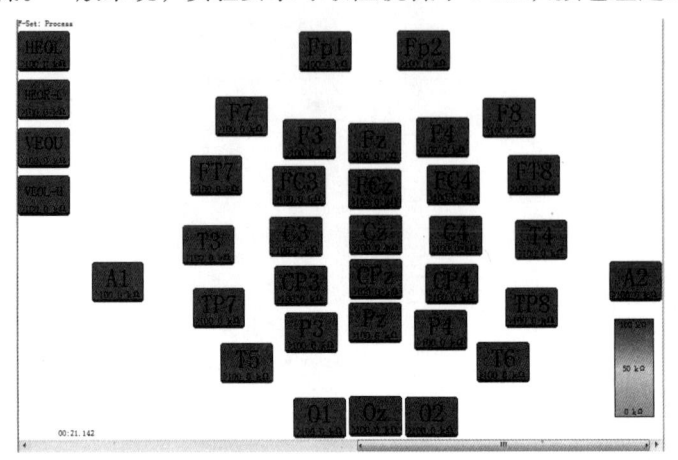

图 1-9　阻抗显示界面

（5）在线叠加。

参数设置如离线分析参数设置。

4. 脑电仪数据分析

（1）打开数据及相关设置。

Demo 数据所在的路径为"C：\Curry 7 Course\Signal Processing"，选择 Datebase，点击"打开"按钮，选择 C：\Curry 7 Course\Signal Processing 文件夹，点击 Walkthrough 下的 Visual CPT，打开 Visual CPT 文件，如图 1-10 所示。

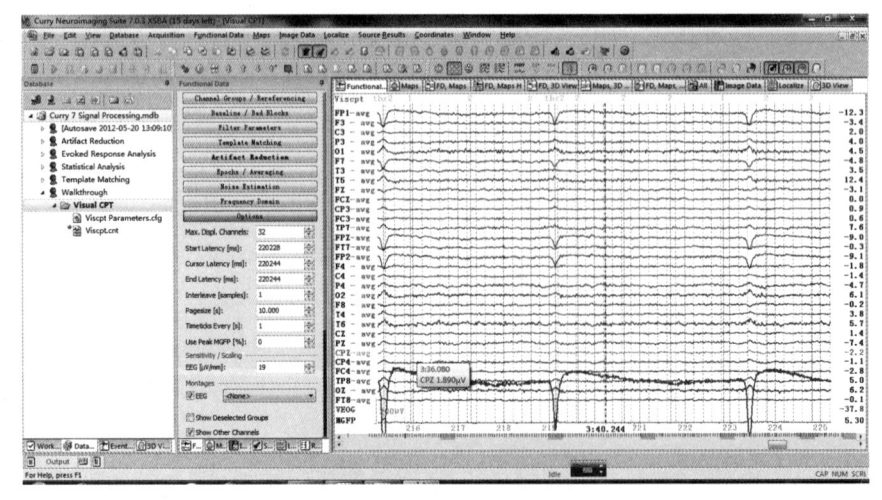

图 1-10　Visual CPT 界面

在 options 选项中，Max.Displ.Channels 中可选择显示的导联数目；Pagesize[s]中

可修改数据界面每页显示的数据量；菜单栏中 autoscale 按钮可重新设置采集数据的幅值显示；在 Channel Groups/Rereferencing 中，可显示数据的导联数目（Channels）、采样点数（Samples）及采样率（Rate）。

在 Active Channel Groups/Rereferecing 中 <CAR> 可选择参考电极，如图 1-11 所示。单个导联为参考：鼠标点击其中一个脑电导联如 CZ，则参考电极为 CZ；全头平均为参考：其中 CAR 为全部脑电平均作为参考；两个导联平均为参考：鼠标点击一个导联后，选中该对话框并按住"Ctrl"键，再次选择另一个导联，参考即变为两个导联的平均了。

显示界面点击导联标签，导联标签颜色会变红，即设为坏导联，再次点击导联标签则重新选择该导联；如果要将多个坏导联重新选择，可在显示界面右键选择 Select All Channels。

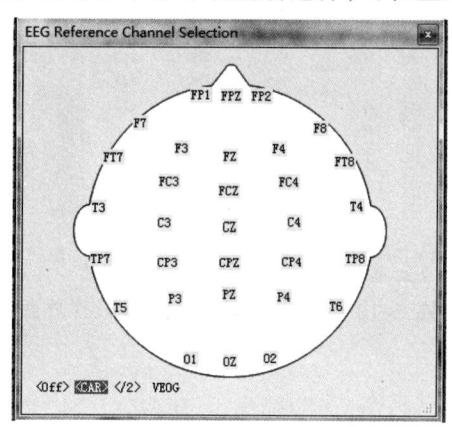

图 1-11 导联界面

打开数据后，会呈现 Data Parameters 界面，如图 1-12 所示，点击 Next，选择 Use Label-Matching to determine Positions，然后点击 Finish 即可，如图 1-13 所示。

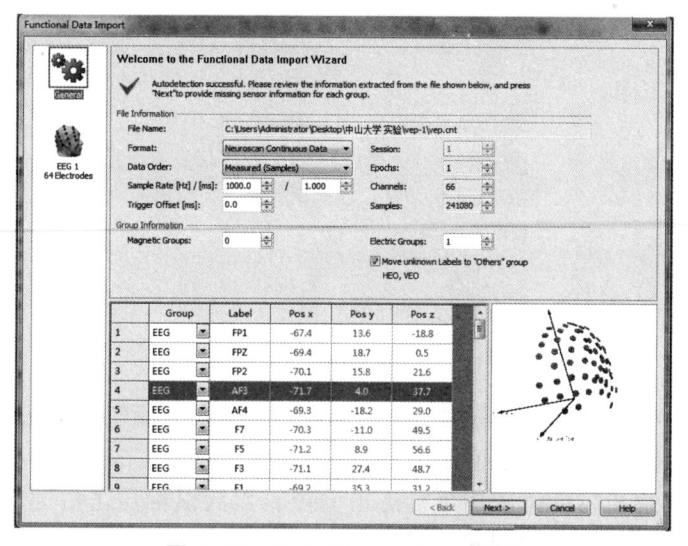

图 1-12 Data Parameters 界面

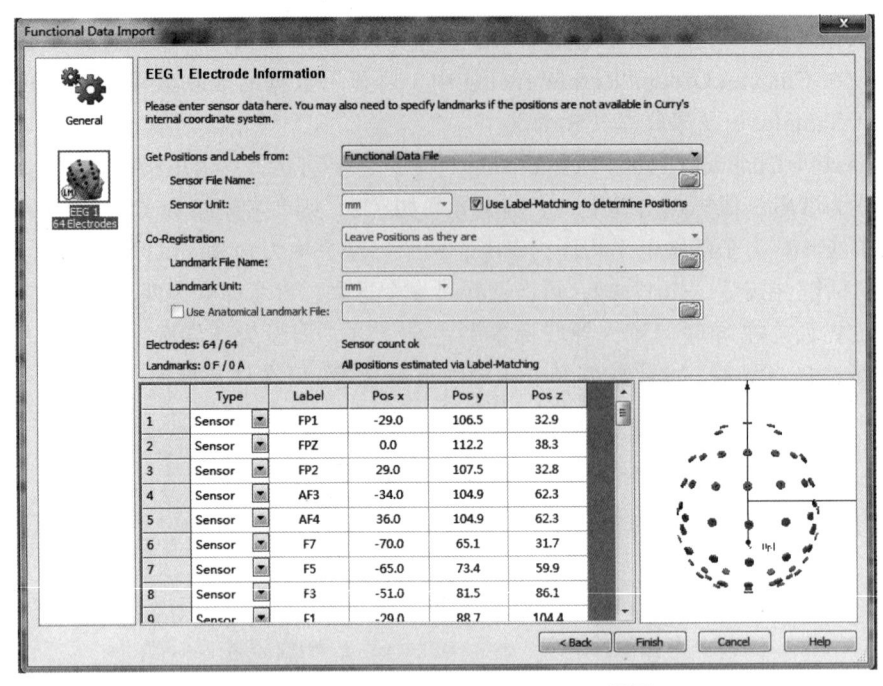

图 1-13 Functional Data Import 界面

（2）频域分析。

在 Frequency Domain 对话框中，如图 1-14 所示，选择 Spectra，数据即以频域的形式呈现。

图 1-14 Frequency Domain 界面

在数据显示界面点击鼠标右键，把 Tracking Mode 去掉勾选，Start Frequency 和 Stop Frequency 确定一段频域范围，或者在确定一段频域范围的开始位置把 Tracking Mode 的频域开始和结束位置用鼠标点击确定，然后鼠标点击右键，选择列表中的 Zoom In   Alt+Z，在一整页显示该频域，如图 1-15 所示。

重新对 Spectra 进行勾选，在"STFFT/Wavelets："中可选择几种不同的方法，如 STFFT，可右键选择蝴蝶图"Butterfly Plot"。

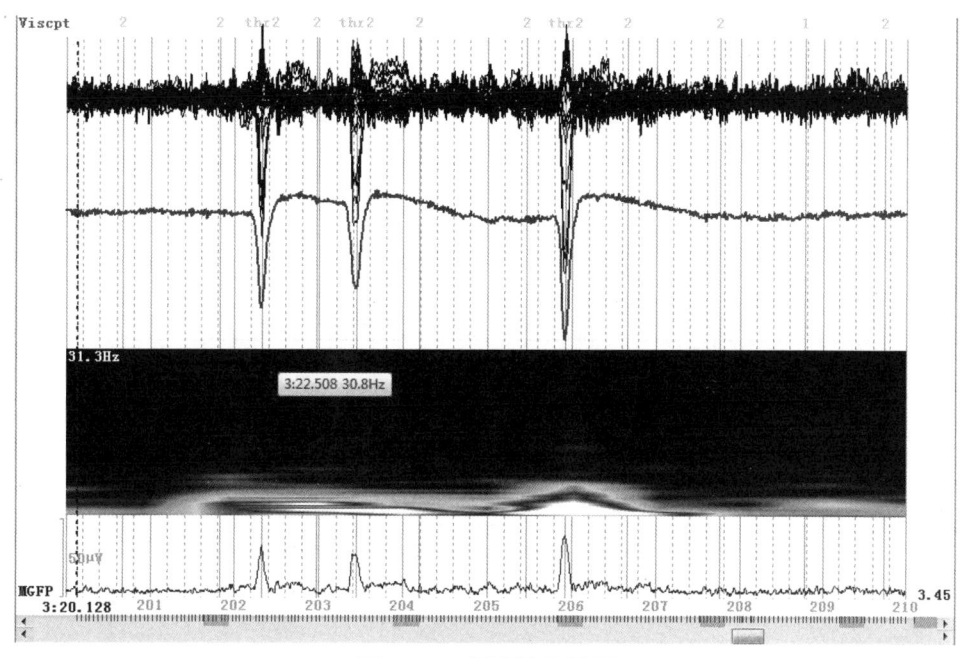

图 1-15　频域显示界面

（3）数据分析步骤。

数据分析共包含以下步骤：

第一，基线校正及去除直流漂移。

第二，去除眼电对其他脑电的影响。

第三，选择 Bad Block（方法一，手动选择；方法二，自动选择。建议选择方法二）。

第四，脑电分段与叠加平均。

第五，滤波。

第六，选择参考。

下面我们将详细介绍每一步的操作。

① 基线校正及去除直流漂移。

在"Baseline/Bad Blocks"中的 Type 类型中选择"Constant"，可以对脑电波形进行基线校正，即波形的基线和标签对应的"X 轴"重合；如果采集模式是"DC"模式，则可去除直流漂移。

如图 1-16 所示，设置前脑电波形基线没有和标签对应且幅值很大，很多导联幅值大于 1000 uV。

如图 1-17 所示则是指设置后脑电波形基线和标签对应且幅值在 100 uV 以内。

② 去除眼电对脑电的影响。

·021·

在"Artifact Reduction"对话框中，选择进程"1"，在 detection 下的 Method 中选择"Threshold"。我们设定 64 导数据：Channel 选择<VEO>即垂直眼电 VEO（眨眼），如图 1-18 所示。

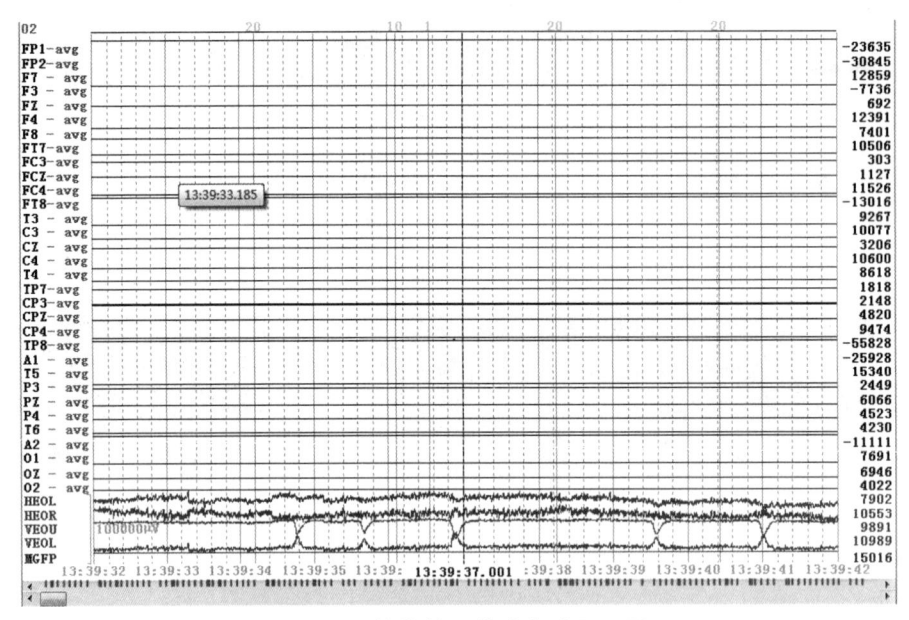

图 1-16　基线校正前脑电波显示图

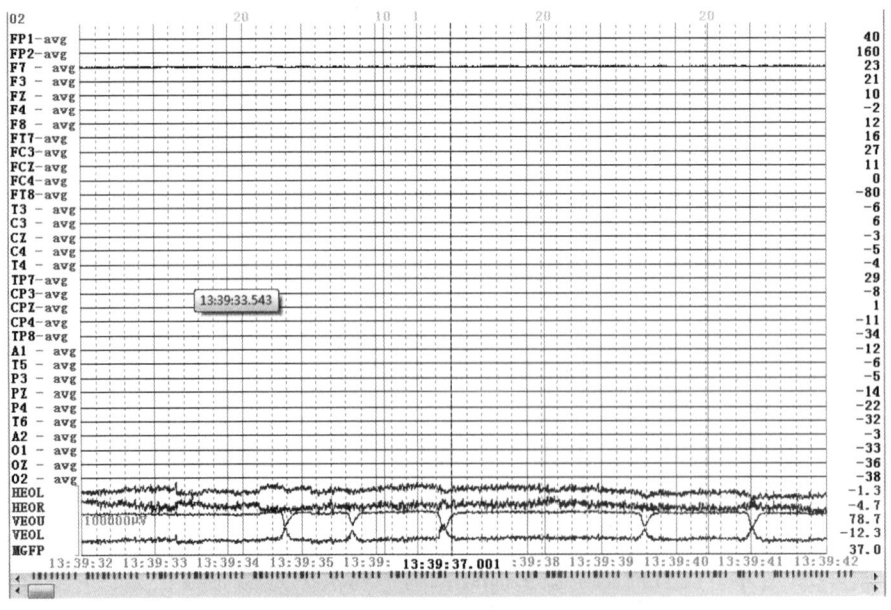

图 1-17　基线校正后脑电波显示图

图 1-18 垂直眼电 VEO 选择界面

如果是 40 导数据：Channel 选择<VEOL-U>即垂直眼电 VEOL 和 VEOU 相减之差（眨眼）。

如图 1-19 显示的是去眼电前波形，图 1-20 显示的是去眼电后波形。

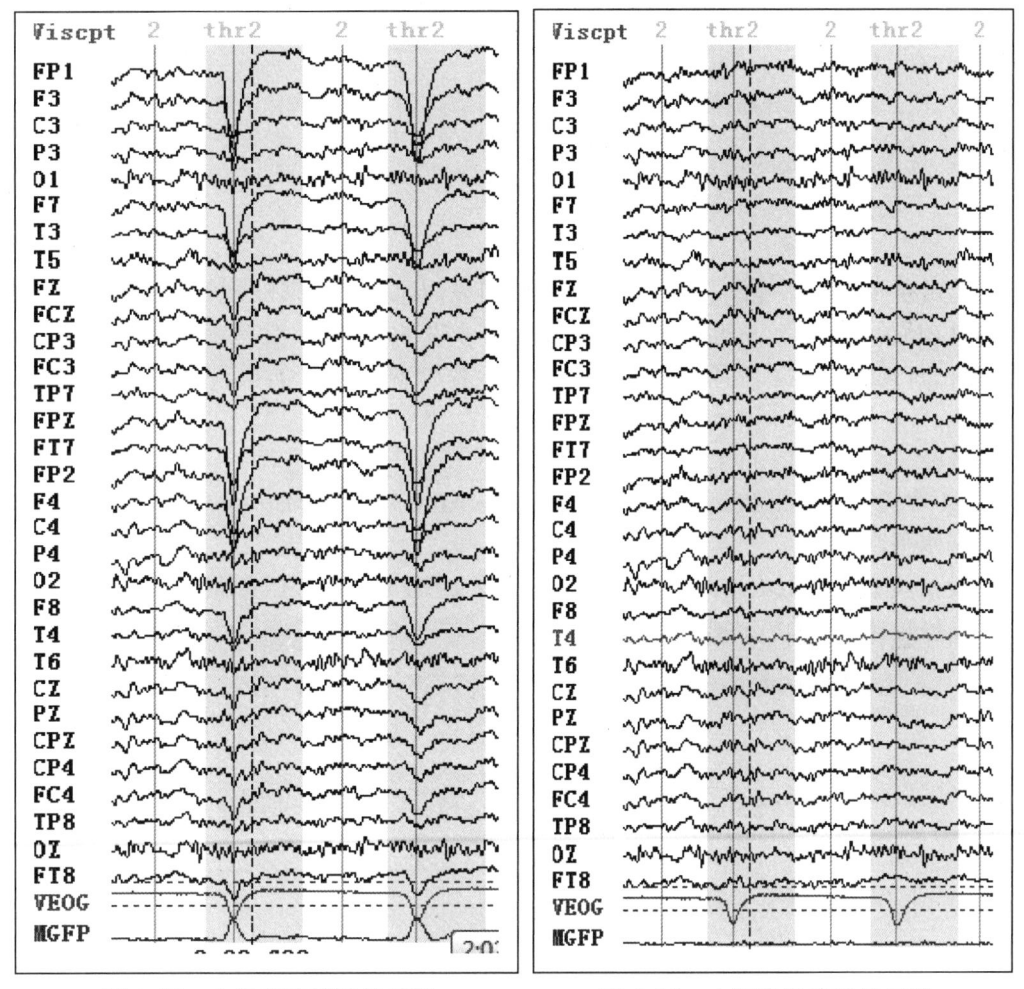

图 1-19 去眼电前波形显示图 　　图 1-20 去眼电后波形显示图

眼电为正值，Lower Thresh.[uV]选择 0uV；Upper Thresh.[uV]一般选择 200，根据实际数据适当调整，该值尽量小于最小眨眼的幅值，如图 1-21 所示。眼电为负值，Upper Thresh.[uV]选择 0uV；Lower Thresh.[uV]一般选择 -200，根据实际数据适当调整，该值的绝对值尽量小于最小眨眼的幅值的绝对值。Pre latency 和 Post latency 可根据实际需要选择，但是 Refractory 的值必须大于等于 Pre latency 和 Post latency 的绝对值之和。

如图 1-22 所示，去除方法可以选择相减法（Subtract）、协方差法（Covariance）、主成分分析法（PCA）、独立成分分析法（ICA）等。通常选用协方差法"Covar"去除眼电对脑电的影响。点击"Scan Data"，可以把眼电对脑电的影响去除。

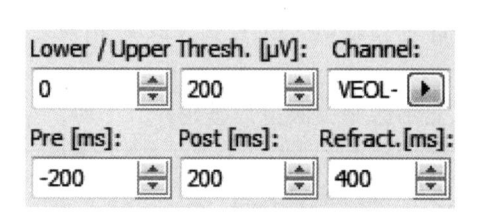

图 1-21　垂直眼电去除参数选择界面

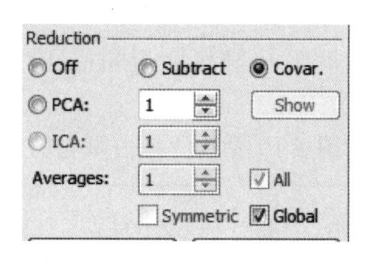

图 1-22　去除眼电方法选择界面

③ 选择 Bad Block。

A. 手动选择 Bad Block。

不建议手动选择，在这里仅做简要介绍。

点击菜单栏中的 ▨，在波形漂移比较明显的起始和结束位置点击鼠标左键，选择 Bad Block 的范围，并选择 Mark Bad Block，如果重新接受一定范围的 Bad Block，则选择 Reset Bad Block。选择完 Bad Block 之后，释放 ▨ 功能，再次点击 ▨ 按钮即可。

B. 自动选择 Bad Block。

选择"Artifact Reduction"对话框，选择 中的进程一，在 detection 下的 Method 中选择"Bad Blocks"，Channel 选择<All>即所有导联，但不包括眼电（垂直眼电和水平眼电）。

Lower/Upper Thresh.[uv]选择范围：通常选择 ± 100 uv，可根据实际情况酌情增减；Pre latency 和 Post latency 可根据实际需要选择，默认 即可，如图 1-23 所示。

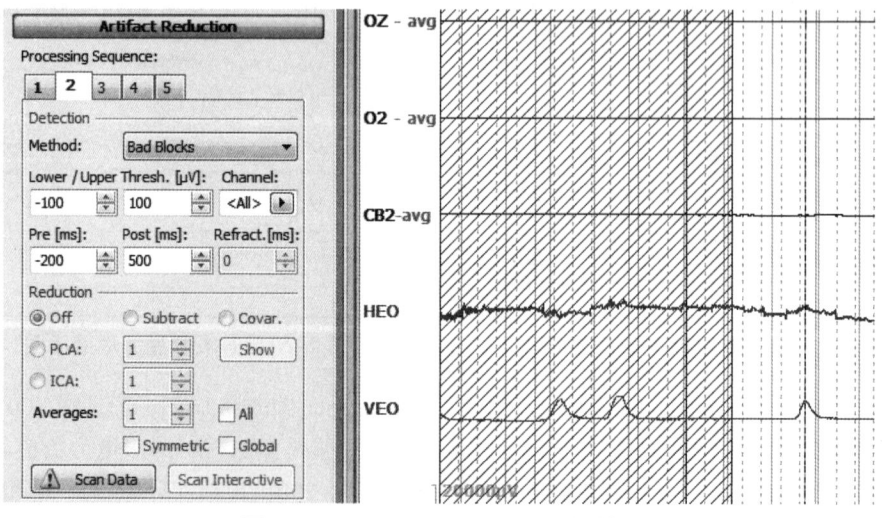

图 1-23　Artifact Reduction 对话框

设置完参数之后，点击"Scan Data"，软件会自动发现符合参数范围的 Bad Block。以图 1-23 中的参数为例：即脑电幅值超过 ±100 uV，在 Refractory 值的范围之内的脑电波形分析扫描时将会忽略不处理，认为是坏的波段。

④ 脑电分段和叠加平均。

选择脑电分段和平均"Epochs/Averaging"按钮，点击"Epochs/Averaging"对话框汇中的"Event Related Averaging"或者参数设置中 的 Event List 按钮，进入选择事件类型界面，如图 1-24～图 1-26 所示。

图 1-24 事件类型 1 选择界面　图 1-25 事件类型 2 选择界面　图 1-26 事件类型参数设置界面

在图 1-24 中选择事件类型，如有两种类型（事件类型 1 和事件类型 2），在"Type"类型后的"Condition"中可以融合行为数据，如图 1-27 所示。

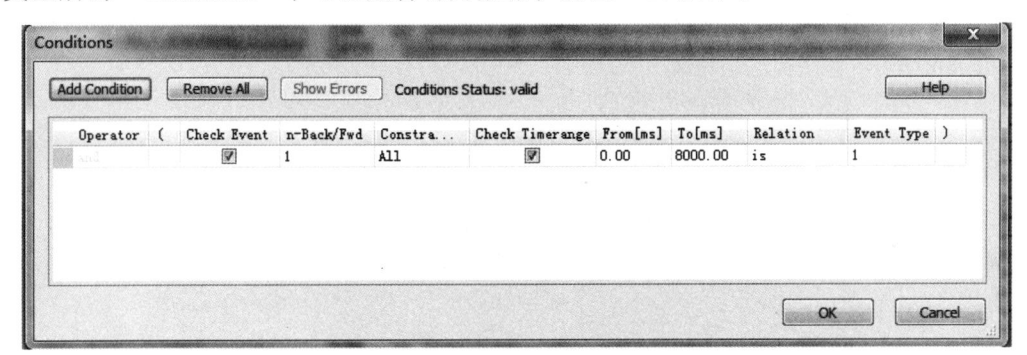

图 1-27 Conditions 设置界面

点击"Add Condition"，在"n-Back/Fwd"中选择"1"，即事件类型之后一个事件（如反应键）。

"Check Timerange"选择"Responses"，"Event Type"中选择反应键数字。

设置分段间隔 ，根据刺激间隔设置 Pre Time（起始位置，一般为刺激间隔的 10%～20%）和 Post Latency（结束位置，总时间不要超过刺激间隔，覆盖所研究成分的潜伏期，但不要覆盖下一个事件分段的基线）。

点击"Average All Event Groups（in-place）"把事件类型叠加。

⑤ 滤波。

展开"Filter Parameters"，在"Filter Type"中通常选择"User Defined（AUTO）"，也可以根据研究方向适当选择不同的滤波方式。一般选择低通 30 Hz 滤波，如图 1-28 所示。

图 1-28　Filter Parameters 界面

⑥ 参考选择。

展开"Channel Groups/Rereferencing"，在 Active Channel Groups / Reference 中选择要转换的参考，如选择 A1 为参考，则鼠标左键单击 A1 导联即可；若选择 A1 与 A2 平均做参考，则按住"Ctrl"，鼠标左键单击 A1 和 A2 即可。

图 1-29 和图 1-30 显示事件类型一和事件类型二，切换方法就是鼠标左键点击箭头指示位置。

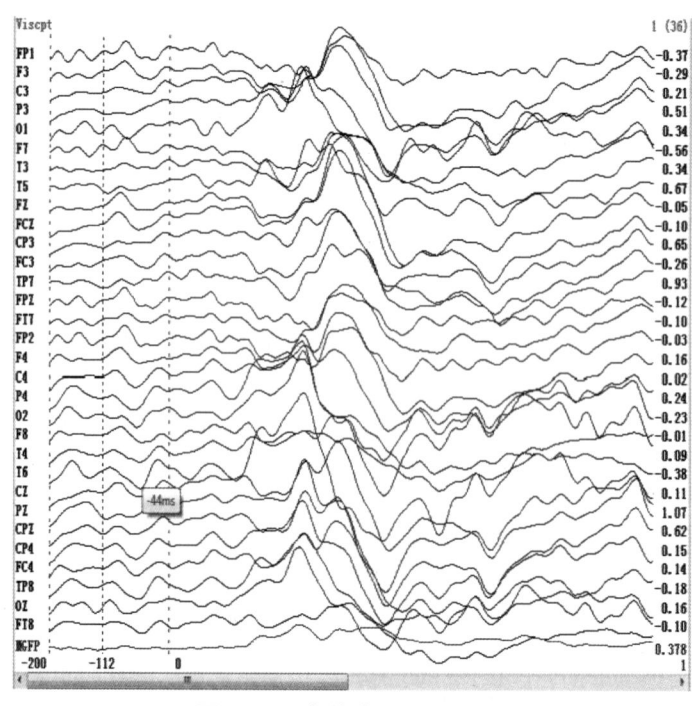

图 1-29　事件类型一波形图

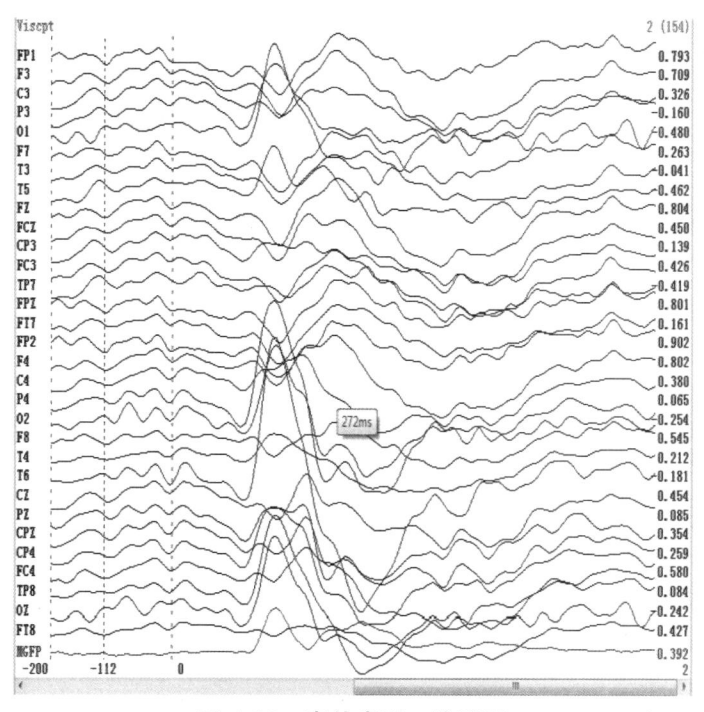

图 1-30　事件类型二波形图

在事件类型一的界面中，将鼠标放到其中一个导联（如 PZ）上点击右键，可选择发送到波形板 1 中，如图 1-31 所示。

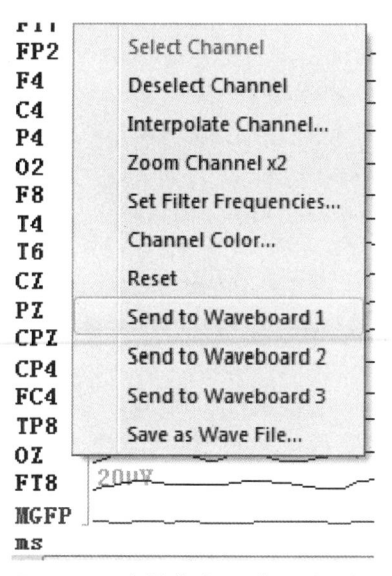

图 1-31　右键点击导联后对话框

在事件类型二的界面中，鼠标相同地放到导联 PZ 上，也发送到波形板 1 中，如图 1-32 所示。

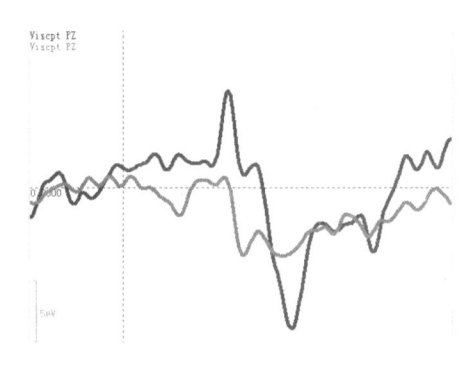

图 1-32　波形板 1 示意图

（4）数据导出。

如果只有一个事件类型，如 vep 的"avg"结果只有事件"1"，则选择"Functional Data"选项"save"中的"save data"，保存的数据类型选择".avg"格式。

如果有多个事件类型，如"面孔识别"的"avg"结果，有事件"1""2""3""4""5"五种类型，保存方式和一个事件类型结果的保存略有不同，应选择"Functional Data"中的"Epochs/Averaging"，如图 1-33 所示。

图 1-33　Epochs/Averaging 参数设置界面

"Event Type"选择 1　　　1 ，点击 Off　　Average 1/5 ，即选择针对事件类型"1"叠加，然后再保存成".avg"结果即可。其余事件类型依次叠加成对应的".avg"结果。

（5）其他操作。

① 峰值探测。

在波形界面中，点击鼠标右键，把 ✓ Tracking Mode 去掉勾选。

选定要探测的时间段，在"Options"中选择 Positive Peaks 或者 Negative Peaks ，探测选中波形段的最大值或者最小值，如图 1-34 所示。

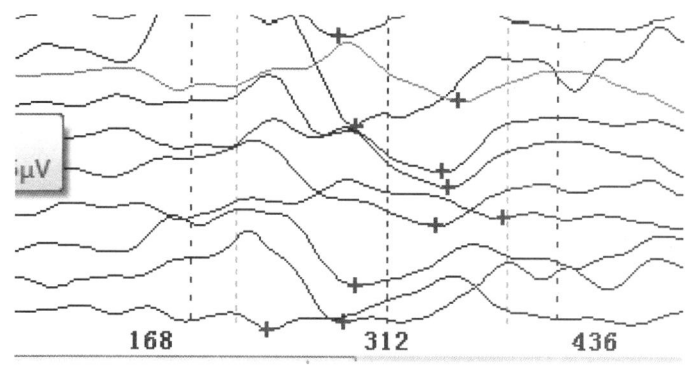

图 1-34　探测选择波段示意图

"Functional Data"下栏选项中选择"Save"中的"Save Peaks",可导出每个导联峰值的相关信息,便于统计分析。

② 平均幅值的导出。

在"Options"选项中,选择"Advanced"中的 ☑Average Time Interval　　Keep ,勾选上之后在脑电波形中选择要导出的区间段,如图 1-35 所示。

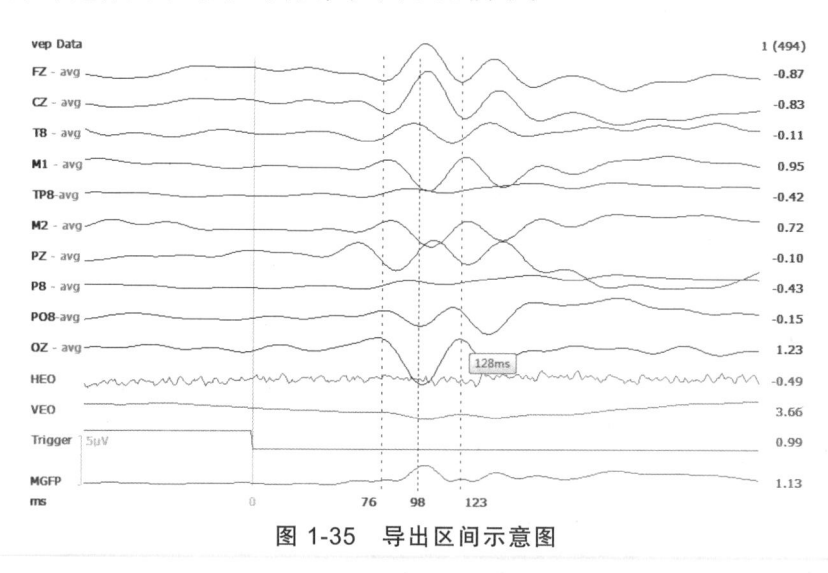

图 1-35　导出区间示意图

然后单击 Keep 按钮,选择"Save"中的"Save Averaged Interval",保存平均幅值的结果。

(二)眼动仪

1. 眼动仪简介

眼动仪是心理学和人机工程学等学科进行科学研究的重要仪器。现代眼动仪的结构一般包括四个系统,即光学系统、瞳孔中心坐标提取系统、视景与瞳孔坐标叠加系统和图像与数据的记录分析系统。

·029·

眼动有三种基本方式：注视（fixation），眼跳（saccades）和追随运动（pursuit movement）。眼动可以反映视觉信息的选择模式，对于揭示认知加工的心理机制具有重要意义。从研究报告看，利用眼动仪进行研究常用的资料或参数主要包括：注视点轨迹图，眼动时间，眼跳方向的平均速度和距离（或称幅度），瞳孔大小（面积或直径，单位像素）和眨眼。

在交通安全心理学领域，采用眼动仪进行了大量的实验研究，主要涉及驾驶舱内的表盘设计问题，道路建设及路标设置问题，驾驶者在驾驶过程中的视觉信息搜索及其培训问题等。还有学者利用眼动仪构建了驾驶员眼动特征的理论模型——预测汽车驾驶员行为的模型，即隐含马克夫动态模型（Hidden Markove dynamic models，HMDMs），该模型可根据观察驾驶员的行为获取的眼动模式来推测驾驶员的行为意向（当前状态），如注意路上的汽车情况、检查车的当前位置、将车的位置调到路中央等。

眼动仪根据使用场景和使用者，大致分为以下3种类型：

（1）头戴式眼动仪：便携性好，方便应用于各种场景，如户外、运动等。

（2）桌面式眼动仪：准确率高，适用于室内，电脑、投影、地图、电视等设备。

（3）虚拟现实眼动仪：适用于实验室内，在特定的3D虚拟场景中使用。

在这里，我们主要介绍头戴式眼动仪中的ETG眼镜式眼动仪的使用与实验操作步骤。

2. 眼动仪操作

（1）实验准备。

① 戴眼镜。双击桌面上的iView ETG图标，打开ETG采集软件，会出现如图1-36所示界面，点击Quick Run。

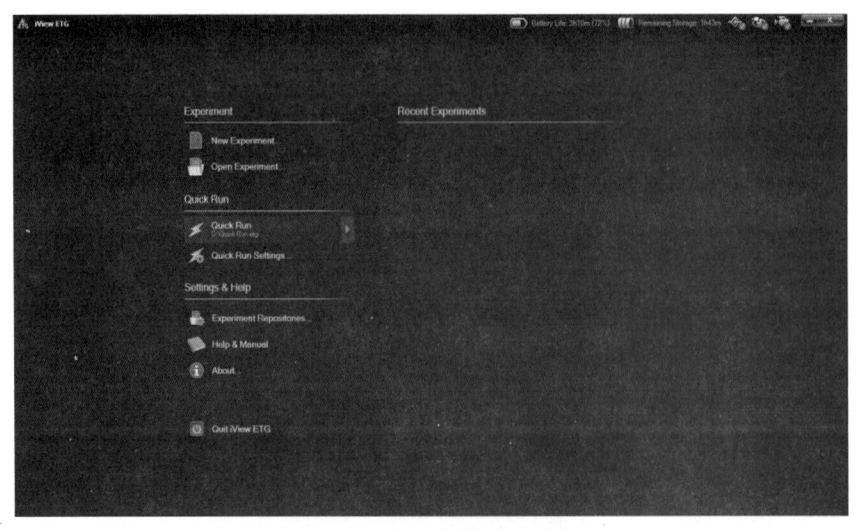

图 1-36　采集软件显示界面

② 校准。被试戴上眼镜，会在屏幕上看到场景图片，主机场景屏幕中会出现黄色圆圈，这是眼睛的追踪点。按住"Ctrl+Alt+E"键，调出捕捉眼睛图像的界面，当每

个眼睛的 LED 灯大于 2 个时（各 6 个），方可进行校准，眼部图像如图 1-37 所示。

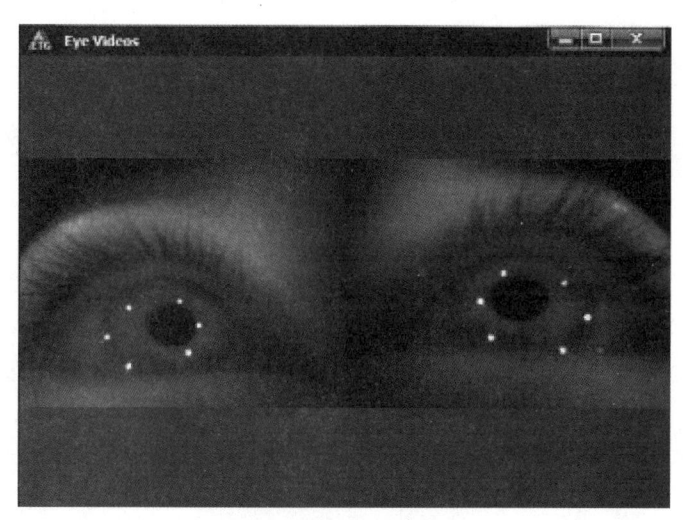

图 1-37 校准界面

校准的三种情况：

● Record to 0-point Calibration：如果被试视力良好，不戴眼镜，直接带上眼镜就可以捕捉到眼动轨迹，而且找一个移动物体让被试跟着看，定位非常准确。这种情况不需要校准。

● 1-point Calibration：一般情况下，会采用一点校准，主试指定一点定位，然后让被试盯着此点看，接着主试在电脑屏幕场景画面中的指定位置点一下鼠标左键，即定位完毕。

● 3-point Calibration：如果对实验精度要求十分严格，则需要采用三点校准法。

（2）实验记录。

第一步：保存实验。校准结束之后，点击"Record"保存实验。在弹出的对话框"New respondent"中命名被试名称。

第二步：红色圆点标志闪烁表明正在记录状态。会同时生成两个文件，一个是被试眼睛追踪轨迹（idf 格式文件），另外一个是场景视频（AVI 格式文件）。

第三步：保存实验，录制结束后再单击"Record"结束实验。

3. 数据处理

在这一步，我们使用 BeGaze 分析软件进行数据处理。

（1）建立实验分析项目。

① 打开 BeGaze 软件，点击左上角的新建选项，然后单击 Next 选项。选择后缀为 idf 格式（眼动追踪轨迹）的文件。点击 Next 选择视频文件，如图 1-38 所示。

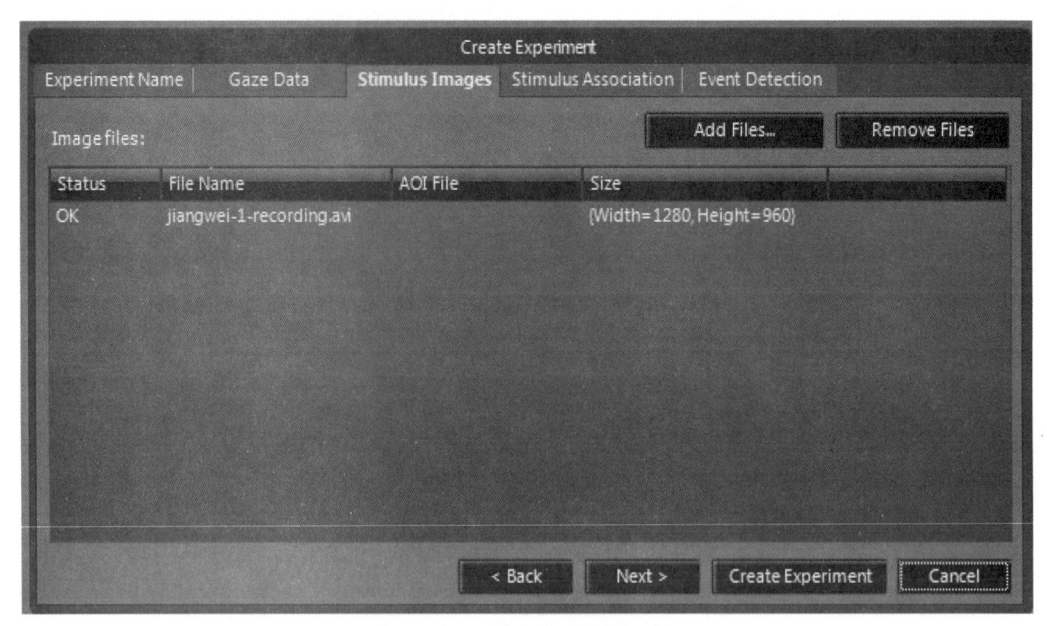

图 1-38　视频文件选择界面

点击 Next，视频与眼动追踪轨迹自动进行匹配，如图 1-39 所示。

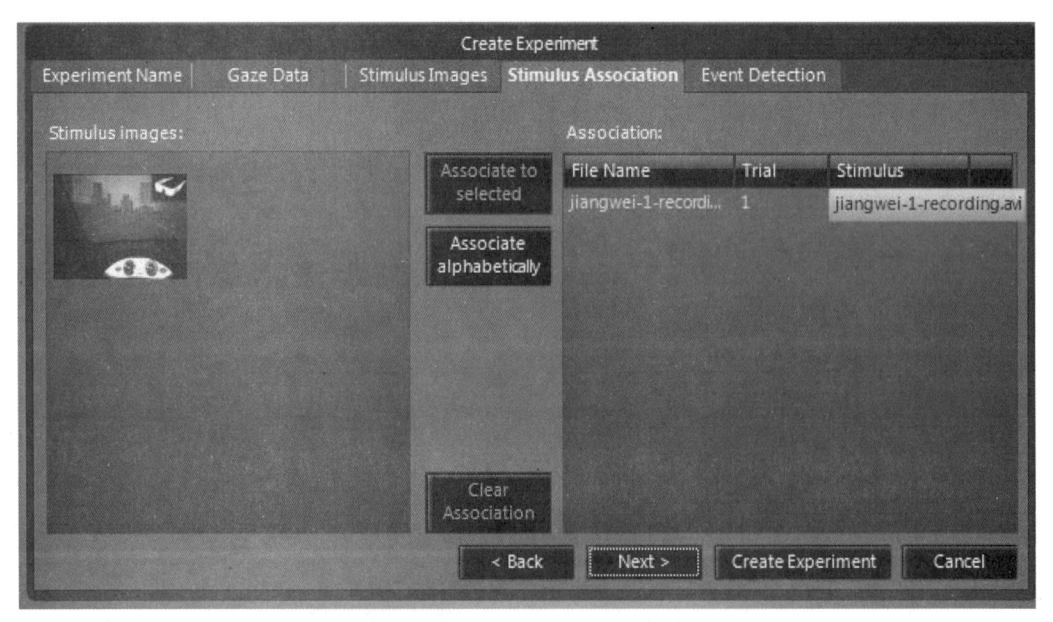

图 1-39　视频与眼动追踪轨迹匹配设置界面

然后点击"Create Experiment"就可以进行实验分析了。如果出现如图 1-40 所示界面，点击 Copy Video。

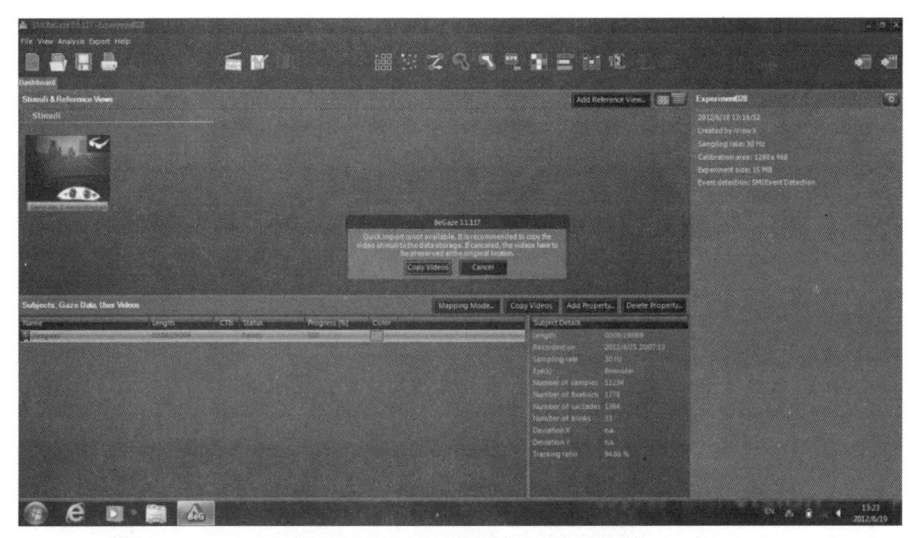

图 1-40　Copy Video 选择对话框

（2）BeGaze 分析软件的功能介绍。

下面我们对 BeGaze 分析软件中呈现的功能模块进行简要介绍。

① 校准（calibration）。

A. 如果记录数据是使用 Recording Unit 的方式，在分析数据之前则首先需要校准。

B. 在校准界面选择其中一个作为校准点，然后执行校准。校准后，屏幕将显示校准后的注视点，如图 1-41 所示。

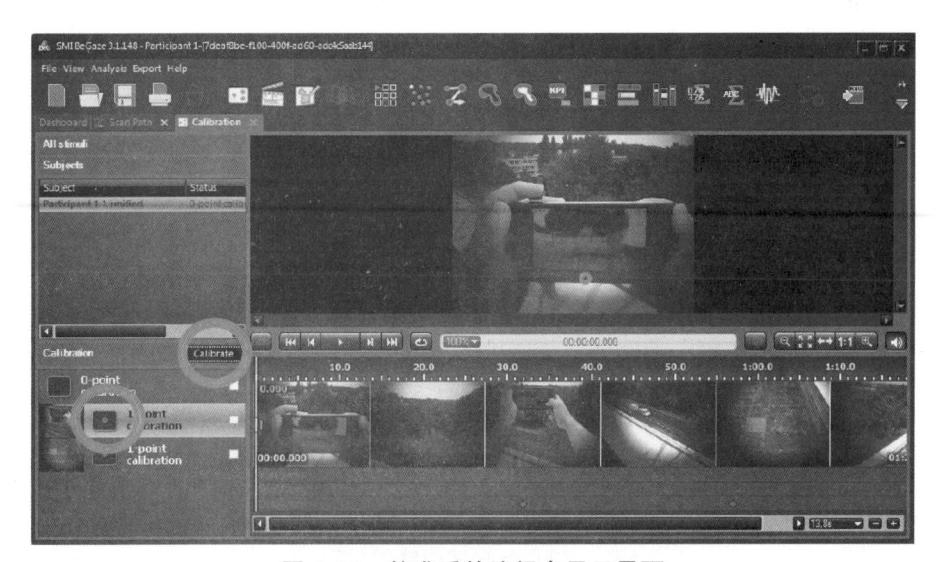

图 1-41　校准后的注视点显示界面

② 自定义实验素材（Custom Trial Selector）。

此处可设置静态参考图片的注视点位置。点击图 1-42 左中的"+"号图标，可以截出静态的图片（可以是一张也可以是多张），以此静态的图片作为一个参照场景图片。

图 1-42　静态图片截取界面

③ 兴趣区域的编辑（AOI Editor）。

点击工具栏中的兴趣区域编辑按钮，会出现如图 1-43 所示界面。兴趣区域的形状可以根据需要做适当修改，如移动、旋转等，也可以在界面的左半部分设置名称和所要显示的颜色。

图 1-43　兴趣区域编辑界面

④ 重新标注视点（Semantic Gaze Mapping）。

动态的视频是按照帧数来播放的，可以根据自己播放的速度来选择停留的动态图片的位置，根据每一个动态的视频图上的位置，在静态的场景图片上相同的注视点位置做标记（将鼠标移动到指定位置点击鼠标左键即可确定标记）。这样标注了多张动态图片中注视点的位置，连起来播放的时候就像是标注了动态的兴趣区，最后就有很多后台数据可以统计出来。

⑤ 整体路径回放（Gaze Replay）。

点击整体路径回放按钮，会出现如图1-44所示界面。单击右键选择"settings…"中的 Show AOIs，则显示所编辑的兴趣区域。

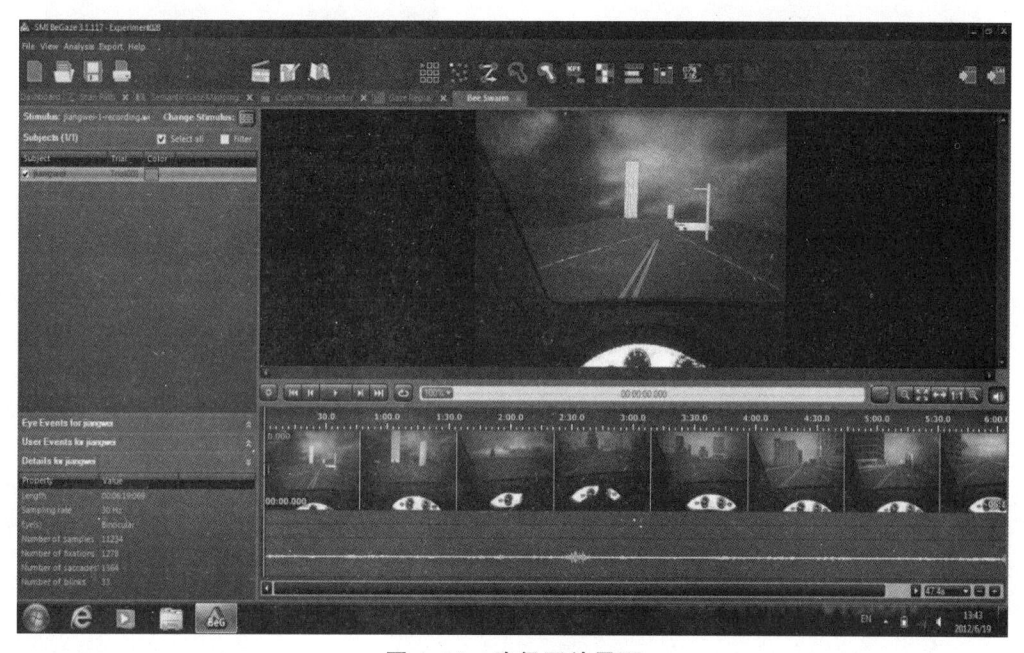

图1-44 路径回放界面

选择 Settings，则进入如图1-45和图1-46所示界面。在图1-45中，勾选"Draw connection lines"，即眼动轨迹，注视点之间有连接线。在图1-46中，勾选"Show fixation counter"，即可添加注视点呈现的顺序。

拖动 Trailer 下的圆形刻度尺，可以确定保留之前眼动轨迹的长短。如图1-47所示为保留10 s时的示例。

⑥ 蜂群图（Bee swarm）。

图中的圆圈是注视点，大圆圈是采集时视频记录下来的，小圆圈是后期分析出来的，可以实时显示被试的眼动轨迹，如图1-48所示。

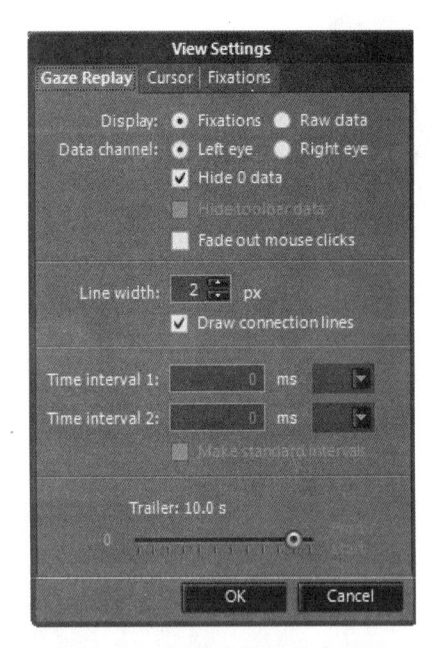

图 1-45 连接线显示勾选界面

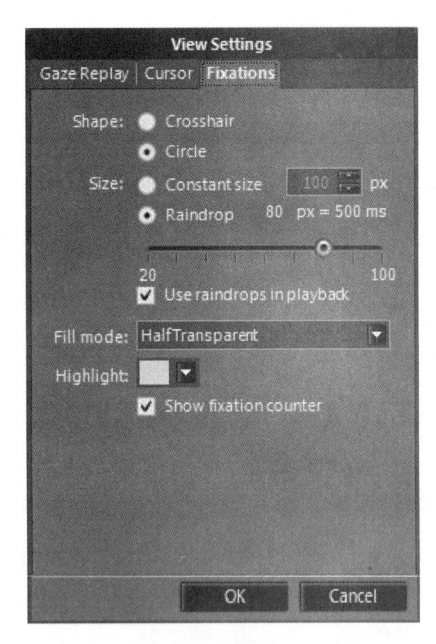

图 1-46 注视点呈现顺序勾选界面

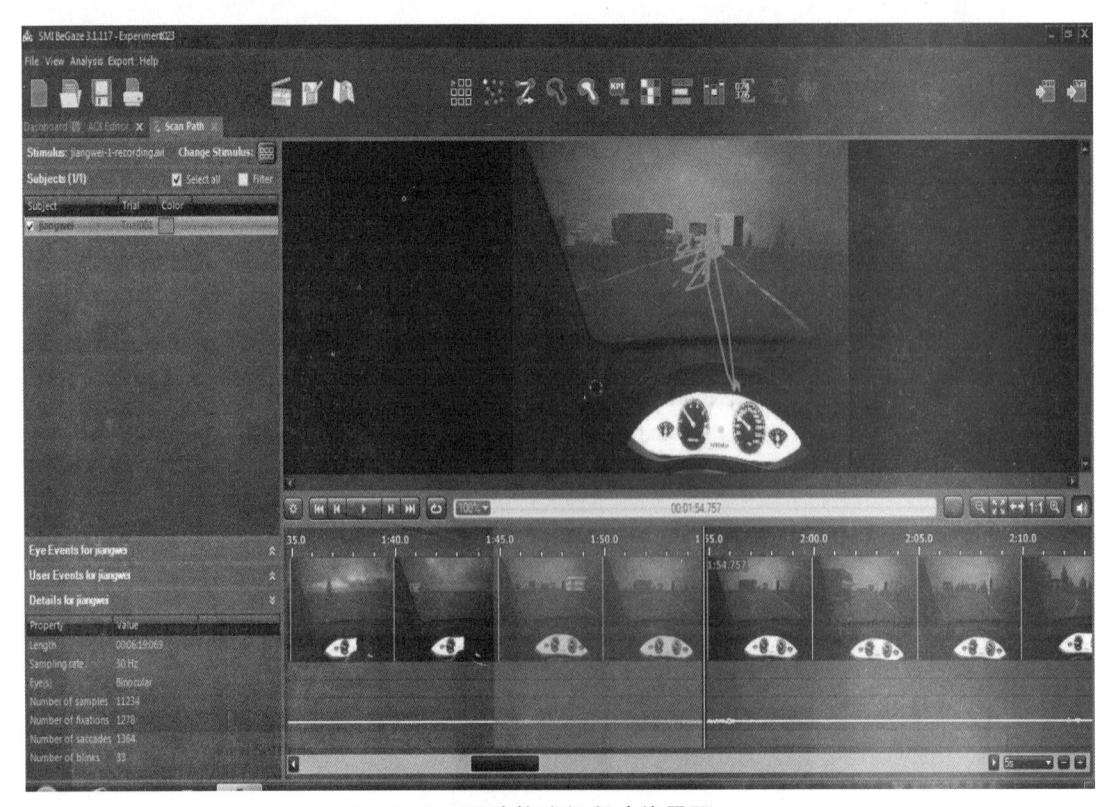

图 1-47 眼动轨迹保留功能界面

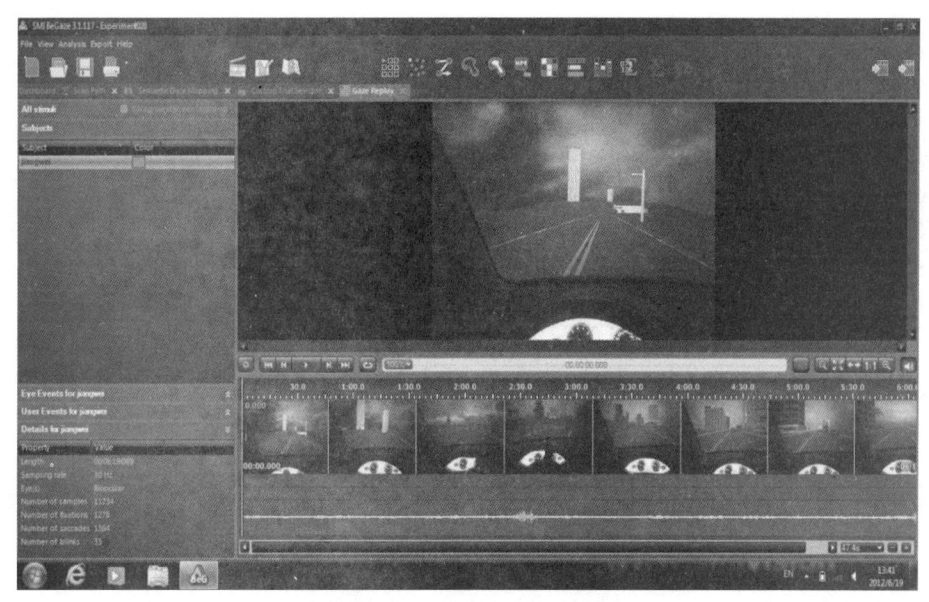

图 1-48　蜂群图显示界面

⑦ 扫描路径（Scan Path）。

逐点连续显示注视点位置及各个注视时间等信息。粉色圆圈越大，表明注视的时间越长，如图 1-49 所示。

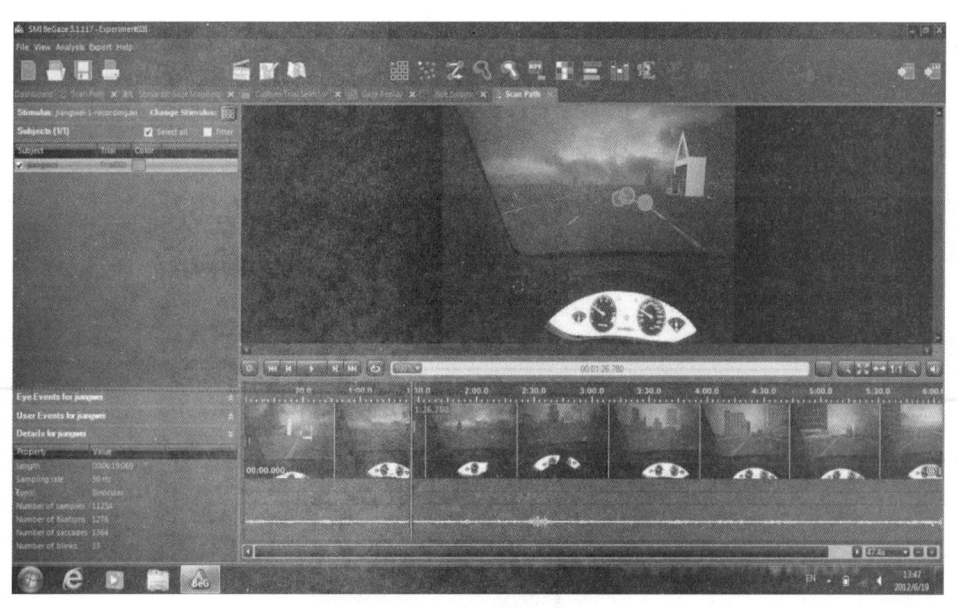

图 1-49　扫描路径显示界面

⑧ 焦点图（Focus Map）。

以亮度显示注视位置、时间的动态变化，如图 1-50 所示。

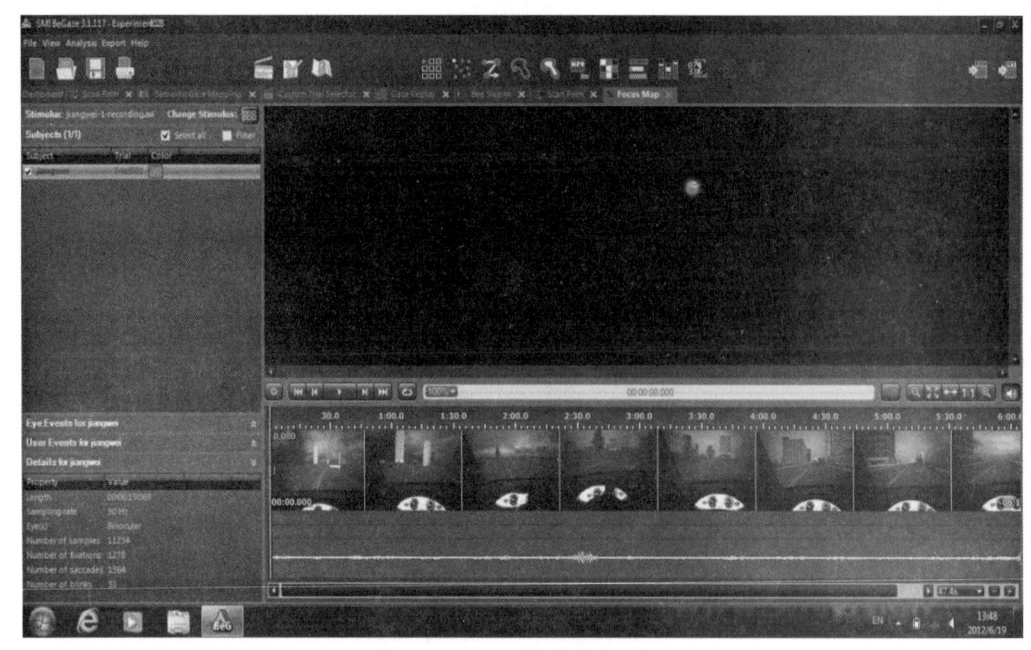

图 1-50　焦点图显示界面

⑨ 热点图（Heat Map）。

以颜色的暖色度来显示注视点的时间和位置的动态变化，即越接近于下方颜色条右面的颜色，表明注视该区域的时间越长，如图 1-51 所示。

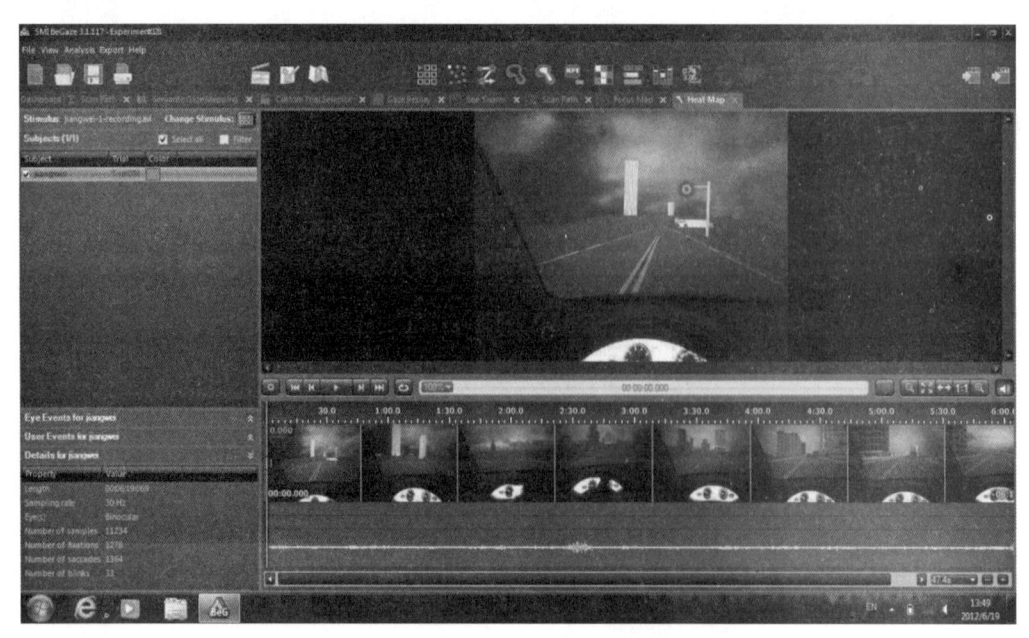

图 1-51　热点图功能下眼动轨迹实时显示界面

⑩ 关键运行指标（Key Performance Indicators）KPI（见图1-52）。

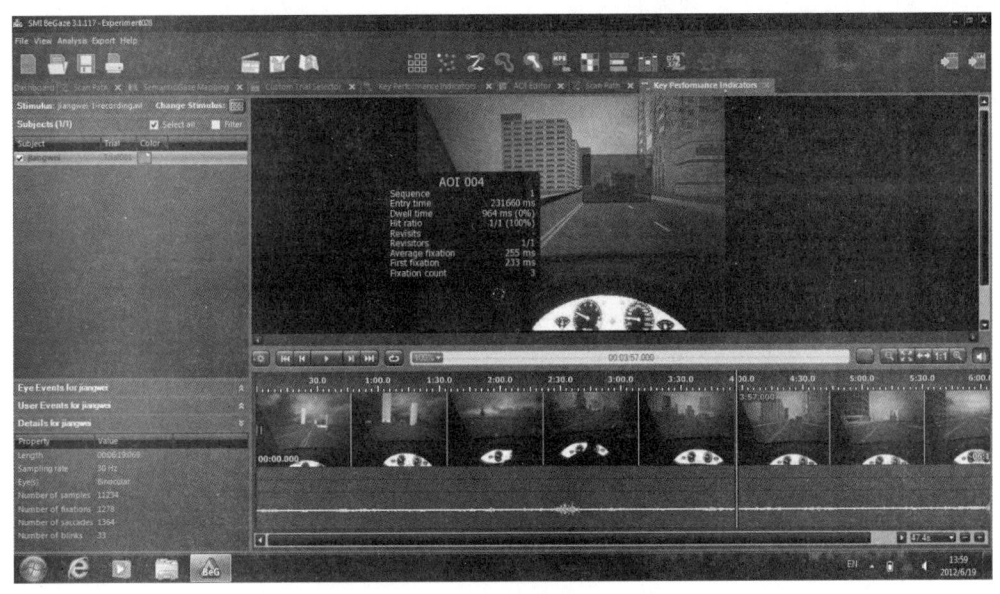

图 1-52　关键运行指标显示界面

⑪ 屏幕位置注视信息（Grid AOIs）。

把屏幕分成一定数目的小方格，每个方格的颜色越接近于下面颜色条右边的颜色，或者方格中的数值越大，证明目光停留在该区域的时间越长，如图1-53所示。

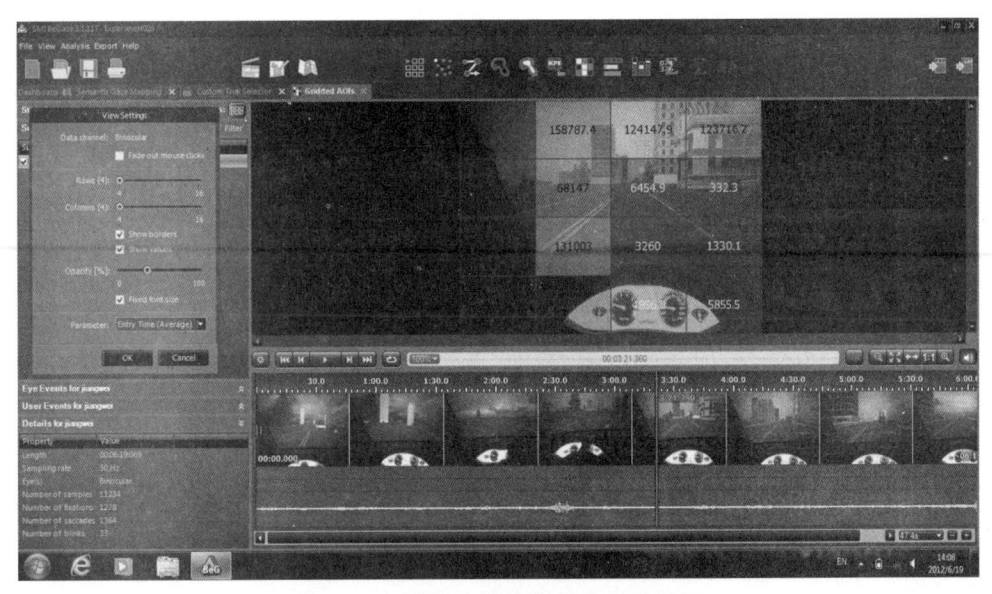

图 1-53　屏幕位置注视信息显示界面

⑫ AOI 序列图表（AOI Sequence Chart）。

选择单个被试，以 X 轴为时间轴，Y 轴为兴趣区域的名称，每个实心方块为一个注视点，由此可以得出注视点的时间和顺序，如图 1-54 所示。

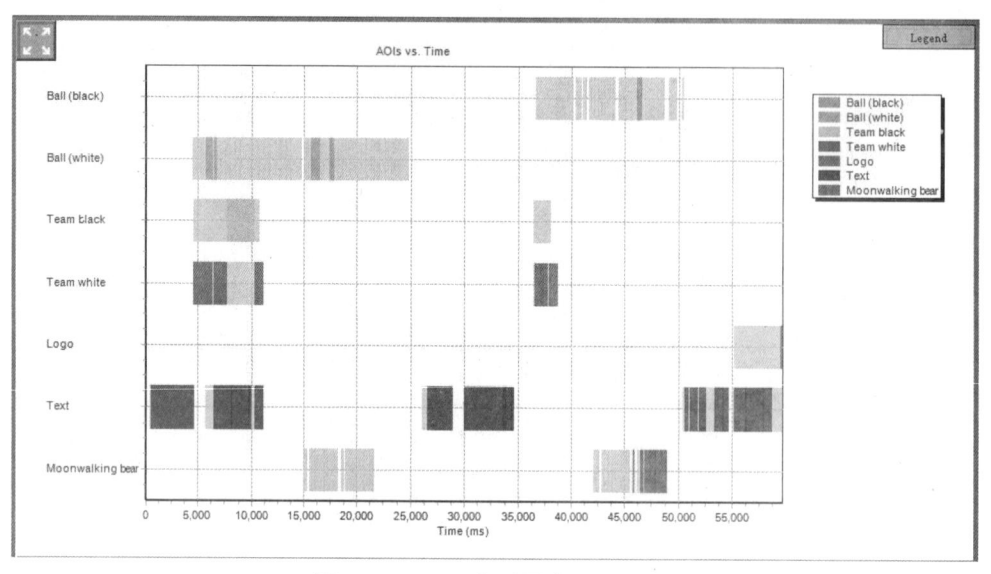

图 1-54　AOI 序列图表显示界面

选择多个被试，以时间为 X 轴，被试的名称为 Y 轴，每个实心方块为一个注视点，不同的颜色代表不同的兴趣区域之内的注视点，由此可以得出注视点的时间和顺序，如图 1-55 所示。

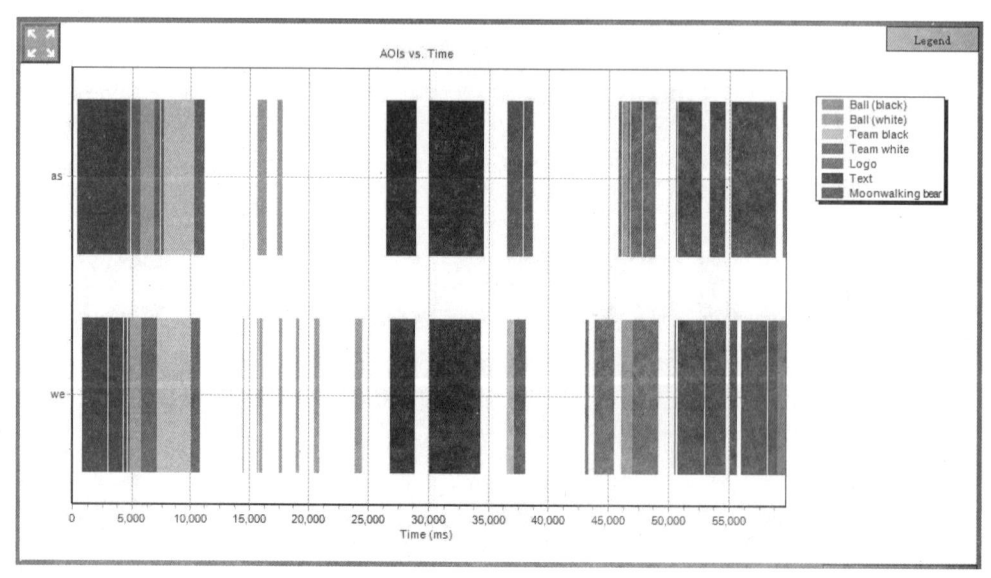

图 1-55　多个被试的注视点详情显示界面

⑬ 时间柱状图 。

以 X 轴为时间轴，Y 轴为注视时间百分比，不同的颜色代表不同的兴趣区域之内的注视点。显示在每个固定的时间段内（时间间隔可以自由设定），注视点在各个兴趣区停留的时间占当前时间间隔的百分比，如图 1-56 所示，该图可以明确反映注意力分配情况。

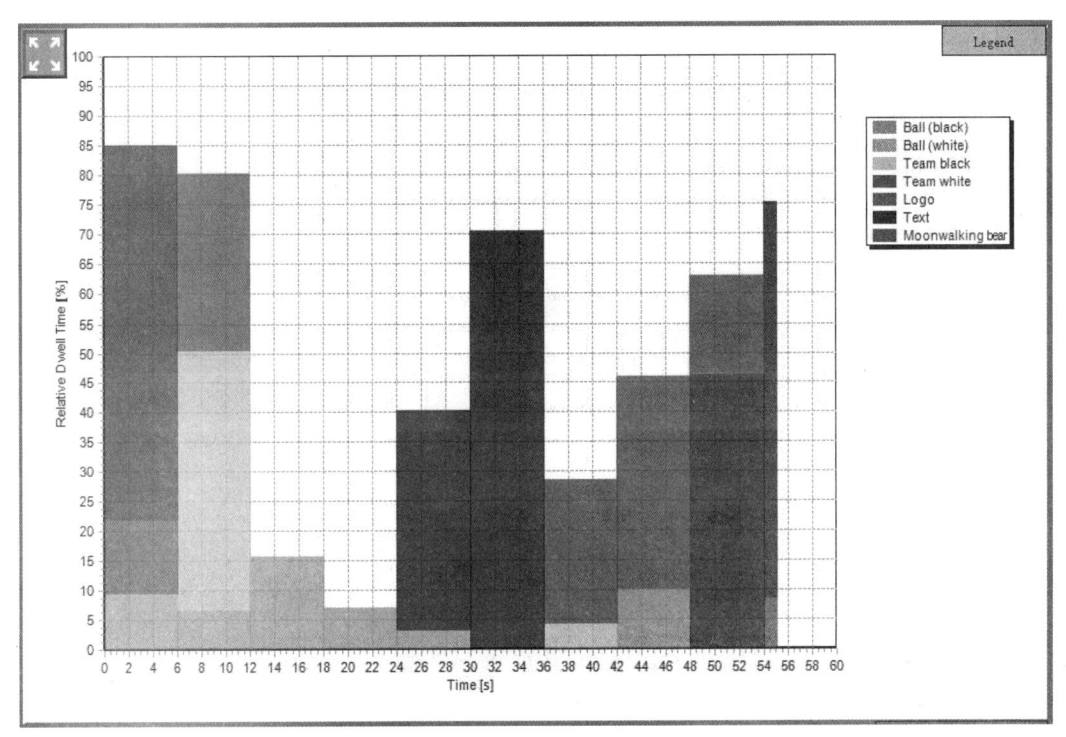

图 1-56 时间柱状图显示界面

⑭ 线性图 。

要研究某个指标，就仅把这个指标选上，然后再根据图表对其进行研究。以时间为 X 轴，相应参数为 Y 轴。当人看到引起兴趣的物体，或者兴奋的时候瞳孔会扩大；当人看到厌恶或憎恨的对象时瞳孔会收缩。

以左眼瞳孔直径为例，在 4 700 ms 附近瞳孔直径骤降，表明在这一时刻，被试可能对某一事件非常厌恶。用鼠标左键拉出一个矩形的方框，就可以部分放大选中波形，如图 1-57 所示；按住 ctrl 键，就会出现缩小图标。

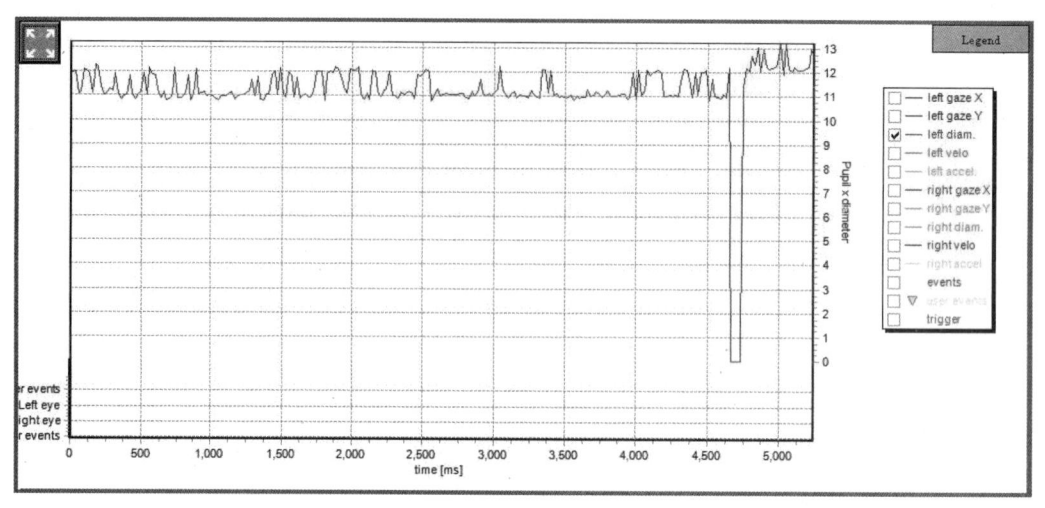

图 1-57 线性图显示界面

⑮ 数据统计（Event Statistics）。

A. 注视点（Fixation details）信息（见表 1-2）。

表 1-2 注视点信息

Trial	实验名称
Subject	被试名称
Color	眼动轨迹的颜色
Stimulus	刺激对象
Start Time/ms	整个刺激开始的时间
End Time/ms	整个刺激结束的时间
Start Time/ms	整个刺激开始的时间
End Time/ms	整个刺激结束的时间
Fixation Start/ms	注视点开始的时间
Fixation Duration/ms	注视点呈现的时间
Fixation End/ms	注视点结束的时间
Position	注视点的位置
Average Pupil Size	平均瞳孔直径
Dispersion	注视偏差
Eye L\R	选择左眼或者右眼
Number	注视点的数目

B. 眼跳明细（Saccade details）（见表1-3）。

表1-3 眼跳明细

Trial	实验名称
Subject	被试名称
Color	眼动轨迹的颜色
Stimulus	刺激对象
Start Time/ms	整个刺激开始的时间
End Time/ms	整个刺激结束的时间
Saccade Start/ms	眼跳起始时间
Saccade Duration/ms	眼跳持续时间
Saccade End/ms	眼跳结束时间
Start Position	眼跳开始的位置
End Position	眼跳结束的位置
Amplitude	眼跳幅度
Acceleration Average	平均加速度
Acceleration Peek	加速度的峰值
Velocity Average	平均速度
Velocity Peek	速度的峰值
Deceleration Peek	减速度的峰值
Peek Velocity at	峰值素的位置
Eye L/R	选择左眼或者右眼
Number	注视点的数目

C. 眨眼明细（Blink details）（见表1-4）。

表1-4 眨眼明细

Trial	实验名称
Subject	被试名称
Color	眼动轨迹的颜色
Stimulus	刺激对象
Start Time/ms	整个刺激开始的时间
End Time/ms	整个刺激结束的时间
Blink Start/ms	眨眼起始时间
Blink Duration/ms	眨眼持续时间
Blink End/ms	眨眼结束时间
Eye L/R	选择左眼或者右眼
Number	注视点的数目

D. 事件明细统计（Event Detailed statistics）和事件汇总统计（Event Summary statistics）（见表1-5）。

表1-5 事件明细统计和事件汇总统计

Trial	实验名称
Subject	被试名称
Color	眼动轨迹的颜色
Stimulus	刺激对象
Start Time/ms	整个刺激开始的时间
End Time/ms	整个刺激结束的时间
Blink Count	眨眼数目
Blink Frequency/（count/s）	眨眼频率
Blink Duration Total/ms	总的眨眼时间
Blink Duration Average/ms	平均眨眼时间
Blink Duration Maximum/ms	最长眨眼时间
Blink Duration Minimum/ms	最短眨眼时间
Fixation Count	注视点的数目
Fixation Frequency/（count/s）	注视频率
Fixation Duration Total/ms	总的注视时间
Fixation Duration Average/ms	平均注视时间
Fixation Duration Maximum/ms	最长注视时间
Fixation Duration Minimum/ms	最短注视时间
Fixation Dispersion Total/px	总的注视偏差
Fixation Dispersion Average/px	平均注视偏差
Fixation Dispersion Maximum/px	最大注视偏差
Fixation Dispersion Minimum/px	最小注视偏差
Saccade Count	眼跳数目
Saccade Frequency/（count/s）	眼跳频率
Saccade Duration Total/ms	总的眼跳时间
Saccade Duration Average/ms	平均眼跳时间
Saccade Duration Maximum/ms	最长眼跳时间
Saccade Duration Minimum/ms	最短眼跳时间
Saccade Amplitude Total	总的眼跳幅度
Saccade Amplitude Average	平均眼跳幅度
Saccade Amplitude Maximum	最大眼跳幅度
Saccade Amplitude Minimum	最小眼跳幅度
Saccade Velocity Total	总的眼跳速度
Saccade Velocity Average	平均眼跳速度
Saccade Velocity Maximum	最大眼跳速度
Saccade Velocity Minimum	最小眼跳速度

E. 兴趣区域中的注视点（AOI Fixation）（见表 1-6）。

表 1-6 兴趣区域中的注视点

Trial	实验名称
Subject	被试名称
Color	眼动轨迹的颜色
Stimulus	刺激对象
Area of Interest	兴趣区域的名称
AOI Scope	兴趣区域
AOI Order	兴趣区域
Start Time/ms	整个刺激开始的时间
End Time/ms	整个刺激结束的时间
Fixation Start/ms	注视点开始的时间
Fixation Duration/ms	注视点呈现的时间
Fixation End/ms	注视点结束的时间
Position	注视位置，以像素为单位
Average Pupil Size	平均瞳孔直径
Dispersion	注视偏差
Eye L/R	选择的是左眼还是右眼
Number	注视数目

F. 兴趣区域明细统计（AOI Detailed Statistics）（见表 1-7）。

表 1-7 兴趣区域明细统计

Trial	实验名称
Subject	被试名称
Color	眼动轨迹的颜色
Stimulus	刺激对象
Area of Interest	兴趣区域的名称
AOI Scope	兴趣区域
AOI Order	兴趣区域
AOI Size/px	兴趣区域覆盖的区域
AOI Coverage/%	兴趣区域与总刺激区域的百分比
Start Time/ms	实验开始的时间

续表

Trial	实验名称
End Time/ms	实验结束的时间
Duration Before/ms	从实验开始到兴趣区域中第一个注视点的开始之间的持续时间
Sequence	区域被关注的顺序
Net Dwell Time/ms	兴趣区域中凝视点的时间总和
Dwell Time/ms	兴趣区域中注视时间和眼跳时间之和
Glance Duration/ms	进入兴趣区域的眼跳时间和 Dwell Time 之和
Diversion Duration/ms	离开兴趣区域的眼跳时间和 Glance Duration 之和
First Fixation Duration/ms	第一个注视点的持续时间
Glance Count	眼跳从其他区域跳到该区域的次数
Fixation Count	注视点的数目
Appearance Count	对于静态图片，数值为 1；对于动态图片，数值为兴趣区域出现的次数
Visible Time/ms	兴趣区域呈现的时间
Visible Time/%	兴趣区域呈现的时间与总刺激时间的比值
Net Dwell Time/%	Net Dwell Time / 总时间
Dwell Time/%	Dwell Time / 总时间
Fixation Time/ms	兴趣区域中总的注视时间
Fixation Time/%	兴趣区域总注视时间与刺激总时间的比值
Time to first mouse click	从实验开始到第一次鼠标点击的时间（在兴趣区域中）

G. 兴趣区域汇总统计（AOI Summary Statistics）（见表 1-8）。

表 1-8　兴趣区域汇总统计

Trial	实验名称
Subject	被试名称
Color	眼动轨迹的颜色
Stimulus	刺激对象
Area of Interest	兴趣区域的名称
AOI Scope	兴趣区域
AOI Order	兴趣区域的顺序
AOI Size/px	兴趣区域覆盖的区域
AOI Coverage/%	兴趣区域与总刺激区域的百分比

续表

Trial	实验名称
Start Time/ms	实验开始的时间
End Time/ms	实验结束的时间
Duration Before Total/ms	所有被试从实验开始到兴趣区域中第一个注视点的开始之间的持续时间的总和
Duration Before Average/ms	所有被试从实验开始到兴趣区域中第一个注视点的开始之间的持续时间的平均时间
Duration Before Maximum/ms	所有被试从实验开始到兴趣区域中第一个注视点的开始之间的持续时间的最大值
Duration Before Minimum/ms	所有被试从实验开始到兴趣区域中第一个注视点的开始之间的持续时间的最小值
Sequence	兴趣区域的被关注顺序
Net Dwell Time Maximum/ms	所有被试 Net Dwell Time 的最大值
Net Dwell Time Minimum/ms	所有被试 Net Dwell Time 的最小值
Dwell Time Total/ms	所有被试兴趣区域中注视时间和眼跳时间之和
Dwell Time Average/ms	所有被试 Dwell Time 的平均值
Dwell Time Maximum/ms	所有被试 Dwell Time 的最大值
Dwell Time Minimum/ms	所有被试 Dwell Time 的最小值
Glance Duration Total/ms	所有被试 Glance Duration 之和
Glance Duration Average/ms	所有被试 Glance Duration 的平均值
Glance Duration Maximum/ms	所有被试 Glance Duration 的最大值
Glance Duration Minimum/ms	所有被试 Glance Duration 的最小值
Diversion Duration Total/ms	所有被试 Diversion Duration 之和
Diversion Duration Average/ms	所有被试 Diversion Duration 的平均值
Diversion Duration Maximum/ms	所有被试 Diversion Duration 的最大值
Diversion Duration Minimum/ms	所有被试 Diversion Duration 的最小值
First Fixation Duration Total/ms	所有被试第一个注视点的注视时间之和
First Fixation Duration Average/ms	所有被试第一个注视点的注视时间的平均值
First Fixation Duration Maximum/ms	所有被试第一个注视点的注视时间的最大值
First Fixation Duration Minimum/ms	所有被试第一个注视点的注视时间的最小值
Glances Count Total	所有被试 Glances 的数目之和
Glances Count Average	所有被试 Glances 数目的平均值
Glances Count Maximum	所有被试 Glances 数目的最大值

续表

Trial	实验名称
Glances Count Minimum	所有被试 Glances 数目的最小值
Fixation Count Total	所有被试注视点数目之和
Fixation Count Average	所有被试注视点数目的平均值
Fixation Count Maximum	所有被试注视数目的最大值
Fixation Count Minimum	所有被试注视数目的最小值
Appearance Count Total	关注该兴趣区域的被试人数
Appearance Count Average	关注该兴趣区域的平均人数
Appearance Count Maximum	关注该兴趣区域的最多人数
Appearance Count Minimum	关注该兴趣区域的最少人数
Visible Time Total/ms	所有被试关注的兴趣区域呈现的时间之和
Visible Time Average/ms	平均每个被试关注的兴趣区域呈现的时间
Visible Time Maximum/ms	所有被试关注兴趣区域的最大呈现时间
Visible Time Minimum/ms	所有被试关注兴趣区域的最小呈现时间
Visible Time Total/%	所有被试关注兴趣区域的呈现时间之和与总刺激时间的比值
Visible Time Average/%	平均每个被试关注兴趣区域的呈现时间之和与总刺激时间的比值
Visible Time Maximum/%	所有被试关注兴趣区域的呈现时间之和与总刺激时间的比值的最大值
Visible Time Minimum/%	所有被试关注兴趣区域的呈现时间之和与总刺激时间的比值的最小值
Net Dwell Time Total/%	所有被试兴趣区域中凝视点的时间总和与总刺激时间的比值
Net Dwell Time Average/%	所有被试 Net Dwell Time / 刺激时间的平均值
Net Dwell Time Maximum/%	所有被试 Net Dwell Time / 刺激时间的最大值
Net Dwell Time Minimum/%	所有被试 Net Dwell Time / 刺激时间的最小值
Dwell Time Total/%	Dwell Time Total / 总刺激时间的比值
Dwell Time Average/%	所有 Dwell Time / 刺激时间的比值的平均值
Dwell Time Maximum/%	所有 Dwell Time / 刺激时间的比值的最大值
Dwell Time Minimum/%	所有 Dwell Time / 刺激时间的比值的最小值
Fixation Time Total/ms	所有被试注视时间之和
Fixation Time Average/ms	所有被试平均注视时间

续表

Trial	实验名称
Fixation Time Maximum/ms	所有被试注视时间的最大值
Fixation Time Minimum/ms	所有被试注视时间的最小值
Fixation Time Total/%	所有被试总的注视时间/总刺激时间的平均值
Fixation Time Average/%	所有被试"注视时间/刺激时间"的平均值
Fixation Time Maximum/%	所有被试"注视时间/刺激时间"的最大值
Time Minimum/%	所有被试"注视时间/刺激时间"的最小值
Subject Hit Count	关注该兴趣区域的被试人数
Subject Hit Count/%	关注该兴趣区域的被试人数/总的被试人数的比值
Revisitors Count	至少关注兴趣区域两次的被试人数
Time to First Mouse Click Total/ms	所有被试从实验开始到第一次鼠标点击的时间总和
Time to First Mouse Click Average/ms	平均每个被试从实验开始到第一次鼠标点击的时间
Time to First Mouse Click Maximum/ms	所有被试从实验开始到第一次鼠标点击的时间的最大值
Time to First Mouse Click Minimum/ms	所有被试从实验开始到第一次鼠标点击的时间的最小值

H. AOI 转矩。

对图 1-58 中的数据进行解释：如第一行参数 AOI 003，对第一列 AOI 003 为 22，即在兴趣区域 AOI 003 内有 22 个注视点；如第一行参数 AOI 003，对第二列 AOI 001 为 1，即从 AOI 003 到 AOI 001 的跳跃有一次。

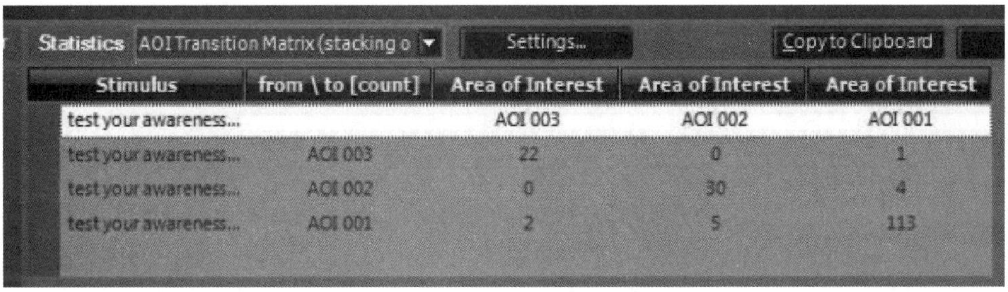

图 1-58　AOI 转矩显示界面

I. 被试信息统计（见图 1-59 和表 1-9）。

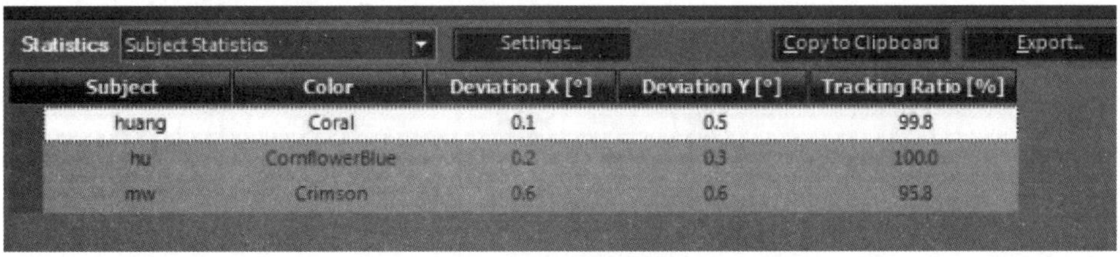

图 1-59　被试信息统计界面

表 1-9　被试信息统计

Subject	被试名称
Color	显示被试名称的颜色
Deviation X/°	在 X 方向的校准误差
Deviation Y/°	在 Y 方向的校准误差
Tracking Ratio/%	追踪比率（眼睛不丢失的比率）

J. 刺激对象信息统计（见图 1-60 和表 1-10）。

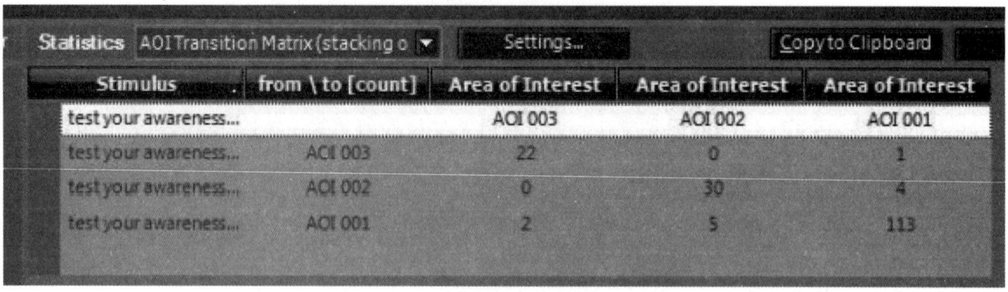

图 1-60　刺激对象信息显示界面

表 1-10　刺激对象信息统计

Subject	被试名称
Order	刺激对象呈现顺序
Duration/ms	刺激对象呈现时间
Width/px	刺激对象的宽度
Height/px	刺激对象的高度

K. 数据的导出。

导出数据，应选择菜单栏中的导出（Export）功能按钮，也可以导出某项功能的数据参数，如图 1-61 所示。

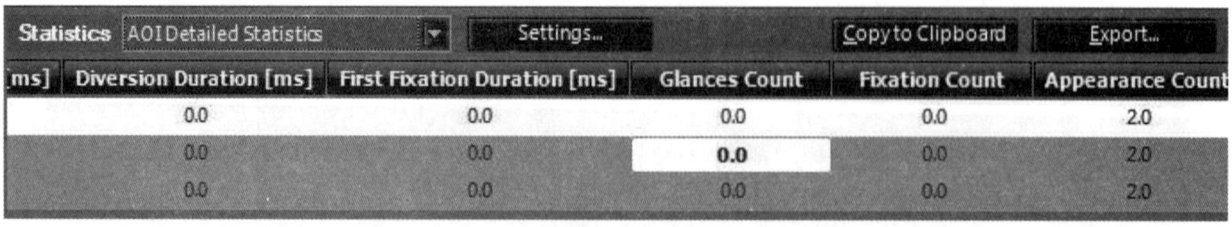

图 1-61　数据导出显示界面

选择 Settings，进入如图 1-62 所示界面。

图 1-62　数据导出参数设置界面

可以选择要查看或者导出的是左眼还是右眼的数据，也可以选择将要查看或导出的数据。选择 Copy to Clipboard，把 AOI Detailed Statistics 的事件数据导入写字板，打开写字板，选择粘贴即可。选择 Export，然后指定要导出的路径，即可把数据导出至指定的文件夹。

（三）多导生理仪

1. 设备简介

多导生理仪可以采集人身体的各类生理信号，包括：心电、脑电、肌电、眼电、皮电、胃肠电、无创血压、体温、肌张力、呼吸波、呼吸流速、组织血流、血管血流、神经电位、细胞电位、氧气含量、二氧化碳含量、血氧饱和度、无创心输出量、光电脉搏容积、皮肤电阻、电刺激等。利用该仪器，可以了解人体的生理状况；也可以利用心理与生理之间的关系，通过生理信号的变化了解被试的心理状况。

美国 BIOPAC 生理记录仪是多导生理仪中使用最为普遍的品牌。图 1-63 和图 1-64 给出了仪器的外形，以及数据采集端佩戴在人体上的状态。

图 1-63　多导生理仪设备展示

图 1-64　多导生理仪数据采集端

在采集完生理数据后，利用配备的软件进行数据处理，这就是基本的多导生理仪使用过程。

2. 数据采集

（1）佩戴探头及电极连接。

① ECG：心电导联方法有以下两种。

第一，肢导联，四肢选择其三为电极连接点，遵循"下正上负，左正右负"的原则。正极必须优先选择，其余可根据所选连接点且遵循该原则自由搭配，一般左下肢为正极，右下肢为地线，右上肢为负极。可变通，正负极分别位于心脏两端最佳。

第二，胸导联，正极位于胸腔左下第五肋与第四肋间，负极位于锁骨下方剑突处。地线可选远离心脏处，常选择右腹部。

② RSP：呼吸，将呼吸绑带连接好后，绑于胸腔近膈肌高度处（剑突底部），微紧，保证波形不出现超量程的状况。

③ PPG：光电脉搏容积，将指套套于手指，波形出现脉搏波即正常。

④ EDA：皮肤电阻，皮电测量的是两点间的导电率，可任选，常任选的为两手指。

⑤ EMG：肌电，任选所测的一块肌肉，将电极接于肌肉两端三分之二处。

⑥ EEG：脑电由一个正极与一个地线组成，所选电极位置可任意，原则为：正极连在相应采集信号点（可选额头），地线一般选为耳垂或耳后骨（骨头名字不记得了）。

⑦ OXY：血氧饱和度，尽量选择中间三指用于测试。

⑧ EOG：眼电，分为两路信号，横轴和纵轴，横轴位于双眼两端太阳穴处，纵轴分别位于眼睛上下。

注意：所有连接在一起的设备在内部由地线相通，如无特殊要求，不可遗漏地线。由于受篇幅限制，更详细的操作见仪器操作手册《MP150 HARDWARE GUIDE》。

（2）软件操作。

利用 ACQ 软件进行数据采集，以下是软件快速开始简明教程：

① 首先连接好硬件与 PC，接通生理仪 MP150（或 MP100）电源，打开 ACQ 软件。

② 弹出如图 1-65 所示的窗口时，检查硬件是否已经连接好，确定连接好之后单击重试。

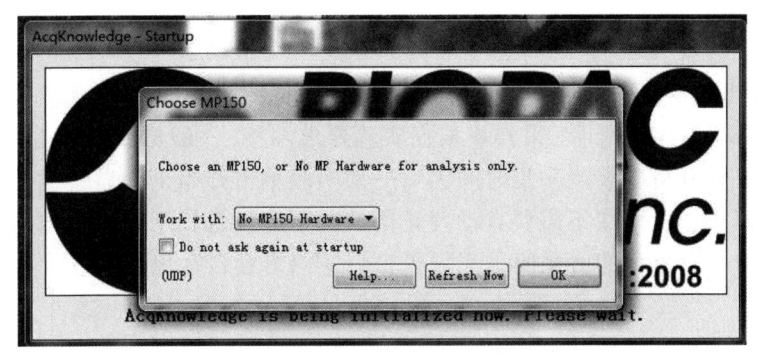

图 1-65　软件启动界面

③ 点击图 1-65 中的 OK 后，弹出如图 1-66 所示的窗口，顶端的 3 个选项可以分别改变下面的内容，常用的：第一项（一般是默认项），单击 OK 可以打开一个空白的文件；第二项 open and analysis graph file，单击 OK 可以选择硬盘里已经采集好的文件进行分析。另外，最下层的选项可以分别选择打开模板文件或者打开相应的 sample 文件。

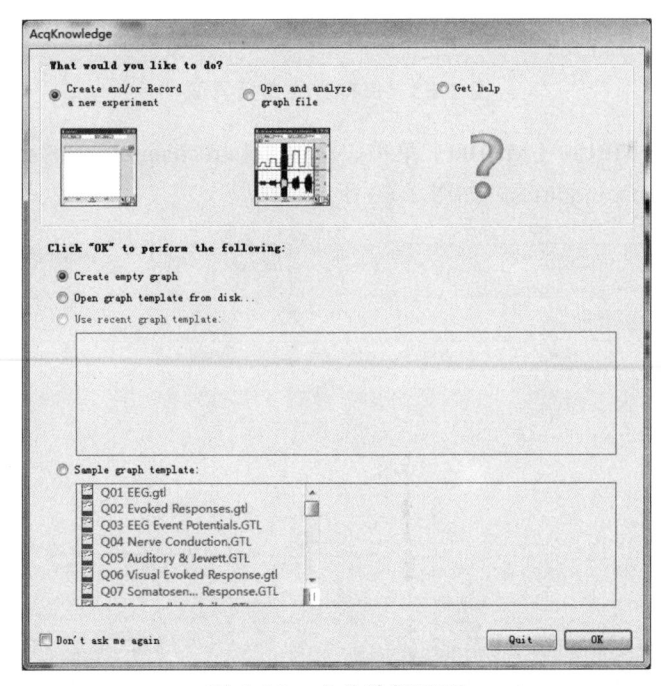

图 1-66　文件选择界面

④ 单击 MP150 菜单，选择 set up acqusition，如图 1-67 所示。（注：不论中英文版本，菜单位置是基本一致的，特殊情况请自行翻译，此处不做多语言截图。）

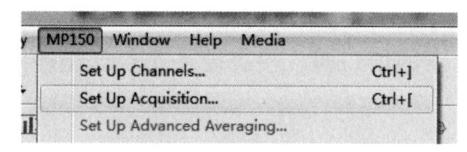

图 1-67　菜单选项示意图

⑤ 在弹出的窗口中，选择保存方式为附加或 append 模式，保存位置选为磁盘驱动器或 disk，如图 1-68 所示。采样率根据实验要求调整，一般情况下心电信号 1000 Hz 能够满足大部分分析要求。采集时间为每一次实验单击开始采集后持续的时间，时间到了会自动停止，所以在不需要自动停止的情况下请设置长于试验时间的采集时间。设置完成后单击右上角的×关闭采集设置窗口，内容会自动保存。

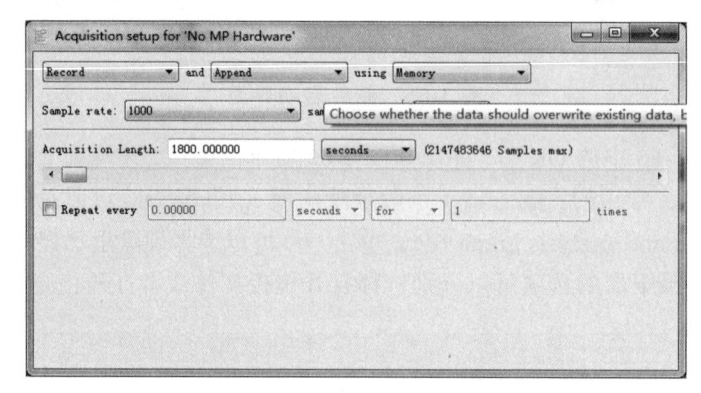

图 1-68　保存方式选择界面

⑥ 继续单击 MP150（MP100）菜单，选择 set up channels。在 analog 选项卡下，单击左下角 add new modules，如图 1-69 所示。

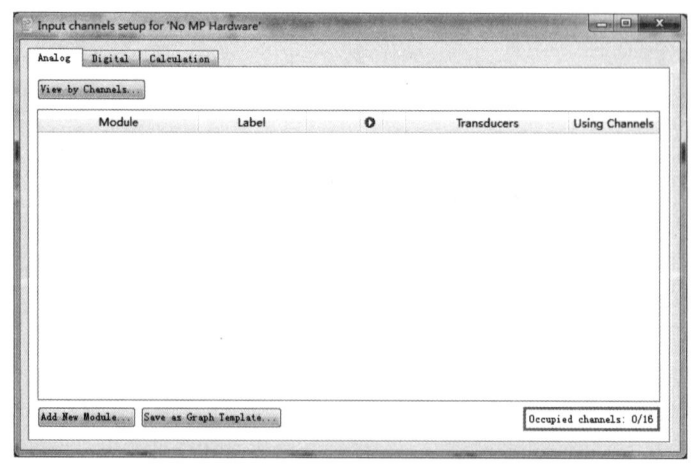

图 1-69　Analog 选项卡设置界面

⑦ 在弹出的窗口里选择相应的模块型号，此处以"ECG100C"为例，如图1-70所示。

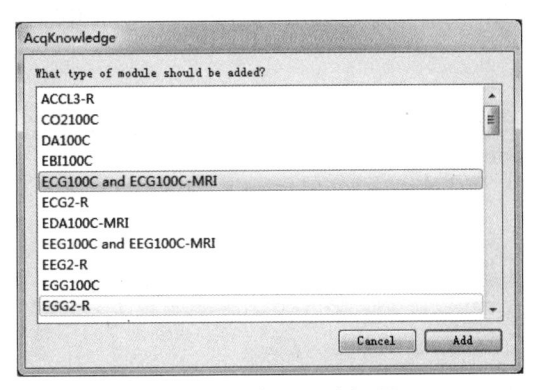

图1-70　模块型号选择界面

然后按照放大器硬件顶端的通道号设置界面如图1-71所示（注意：如有多个模块，顶端的通道不能设置相同通道，必须区分开来）。

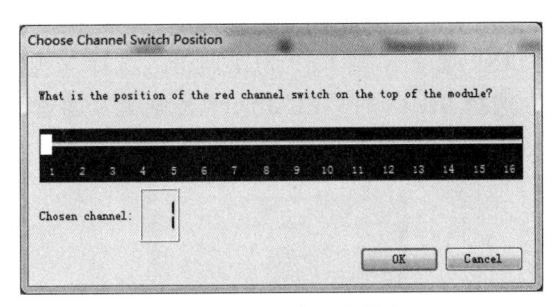

图1-71　通道设置界面

然后将硬件面板上的设置按照软件提示调好，如图1-72所示。单击OK，就能看到如图1-73所示窗口，为已经设置好的模块。

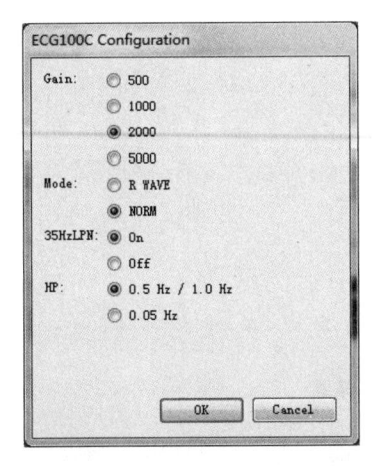

图1-72　参数设置确认界面　　　　图1-73　设置完成界面

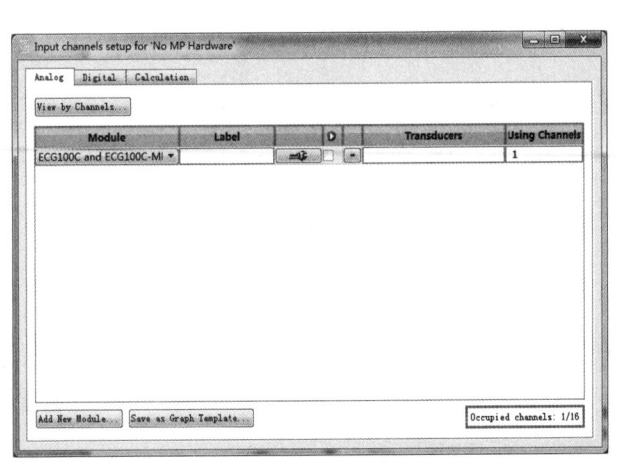

⑧ 如果硬件是无线模块，设置方法如下：

在新增模块弹出的窗口中，选择相应型号，此处以"RSPEC-R"为例，如图 1-74 所示。

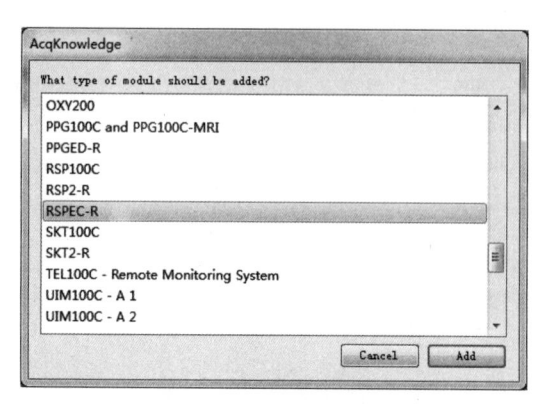

图 1-74　无线模块设置界面

在弹出的窗口中，我们要分别在硬件上选择通道，如图 1-75 所示，当"RSP channel"处选择 1、5 时，下方 RSP 选择 X 则 RSP 为 1 通道，选择 Y 则 RSP 为 5 通道，以此类推，"ECG channel"选择 9、13 时，ECG 选择 X 则为 9 通道，ECG 选择 Y 则为 13 通道。图 1-75 所示设置为：RSP1 通道，ECG13 通道。

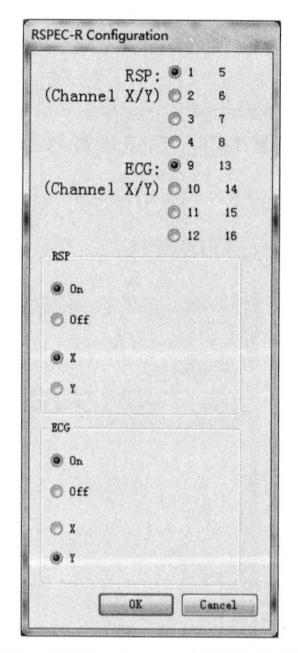

图 1-75　RSP channel 通道选择界面

弹出如图 1-76 所示窗口时是提示我们打开发射器上的开关，单击 OK，则硬件已经设置好。

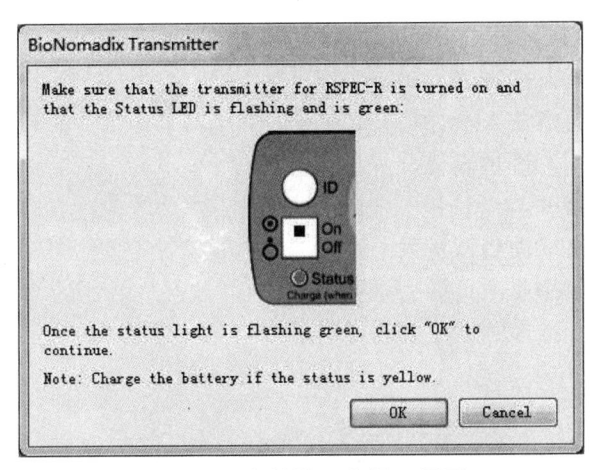

图1-76　发射器开启提示界面

⑨ 如上设置完成后，单击 X 关闭，也可以选择左下角的第二个按钮，将刚才的设置保存成 GTL 模板文件，以便下次打开后直接选择该 GTL 文件，则省略了以上设置。

⑩ 全部设置好后，主界面上的 start 就会变成绿色，单击该按钮就开始采集了。

（四）心理测试系统（包含基本认知能力测试）

1. 主观量表测试

在心理测试系统中，包含多个在人因安全领域中常用的经典量表，这些心理量表经过前人研究，已经取得了良好的信度和效度，并在多个领域取得常模（常模是一种供比较的标准量数，由标准化样本测试结果计算而来，即某一标准化样本的平均数和标准差。它用于比较和解释测验结果时的参照分数标准。测验分数必须与某种标准比较，才能显示出它所代表的意义）。系统中包含以下量表：

（1）应激压力测试。

测试方法：压力知觉量表（CPSS）

测试内容：交通作业人员应激压力水平

测试指标：压力知觉量表得分

（2）社会支持水平测试。

测试方法：领悟社会支持量表（PSSS）

测试内容：交通作业人员社会支持水平

测试指标：领悟社会支持量表得分

（3）职业动机测试。

测试方法：职业动机量表

测试内容：交通作业人员职业动机

测试指标：职业动机量表得分

（4）性格特征测试。

测试方法：大五人格量表

测试内容：交通作业人员性格特征

测试指标：大五人格量表得分

（5）智力水平测试。

测试方法：瑞文推理测试量表

测试内容：交通作业人员智力水平

测试指标：瑞文推理测试量表得分

2. 基本认知能力测试

（1）操作广度测试。

测试方法：屏幕中会出现一个简单的加减法，心算完毕后点击"算好了"，然后判断系统给出的答案是否正确，使用鼠标点击判断按钮；然后，屏幕会出现一个字母，记住字母，算式和字母交替出现；完成算术题并按顺序记住字母，在一轮测试后回忆出现的字母，如图1-77所示。

测试指标：正确率。

图1-77 操作广度测试流程图

（2）空间工作记忆更新能力测试。

测试方法：屏幕中会出现两个九宫格，记住九宫格中红色方块的位置，其位置会按九宫格下方箭头所指的方向不断更新，箭头消失后，要求用鼠标点击背景色为黄色的九宫格内红色方块的最终位置，如图1-78所示。

测试指标：正确率、反应时。

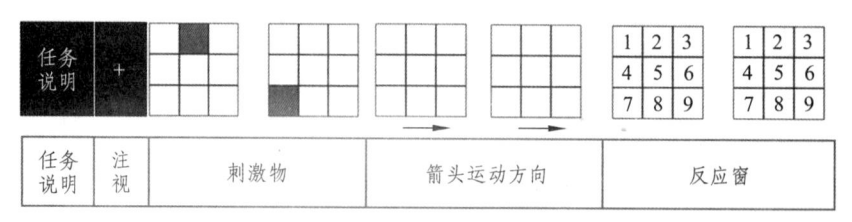

图1-78 空间工作记忆更新能力测试=测试流程图

（3）数字工作记忆广度测试。

测试方法：要求被试根据给出的算式计算，然后输入结果，并记住算式中的第二个数，最后输入出现算式的第二个数，连续输入即可，如图1-79所示。

测试指标：正确率。

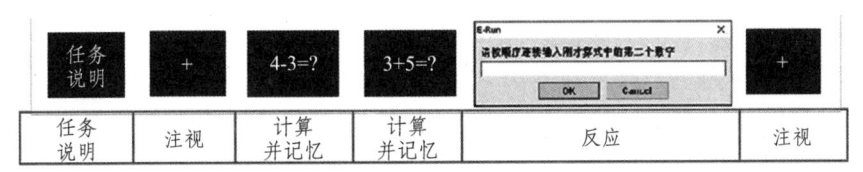

图 1-79　数字工作记忆广度测试流程图

（4）持续性注意能力测试。

测试方法：屏幕中会有字母随机出现；仅当字母 X 出现在字母 A 之后时，又快又准地用右手食指按下 M 键，如图 1-80 所示。

测试指标：正确率、错误率、正确反应的平均反应时间。

图 1-80　持续性注意能力测试流程图

（5）短时记忆测试。

测试方法：屏幕上出现两个 4×6 的表格，记住右侧表格中黑点所对应的格子在左侧表格中的内容，当表格消失后，从四个答案中选择之前黑点所对应的正确内容，如图 1-81 所示。

测试指标：正确率、反应时。

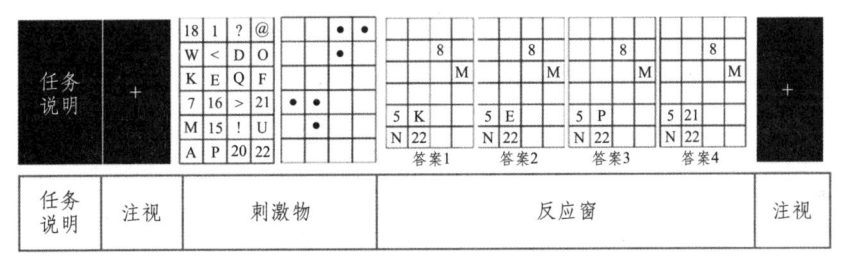

图 1-81　短时记忆测试流程图

（6）多目标追踪测试。

测试方法：屏幕中会出现若干方块，其中会有数个方块为红色，数秒后所有方块变为绿色并开始运动，要求记住红色方块并追踪它们，在所有方块运动数秒后会有一个方块变为白色，需判断这个方块是否为之前红色方块中的一个，如图 1-82 所示。

测试指标：正确率、反应时。

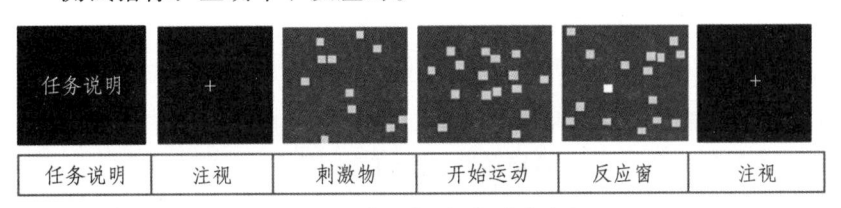

图 1-82　多目标追踪测试流程

扫码看彩图

（7）工作记忆刷新能力测试。

测试方法：屏幕上不断出现不同类型的词语，三个为一组同时出现；屏幕下方将给出三个类别，记住最后出现的这三个类别的词语，输入答案，如图1-83所示。

测试指标：记忆正确词语的总个数。

图1-83 工作记忆刷新能力测试流程

（8）工作记忆能力测试。

测试方法：屏幕上会不断出现字母，当字母与前面隔一个位置的字母相同时，按回车（Enter）键，如图1-84所示。

测试指标：正确率、反应时。

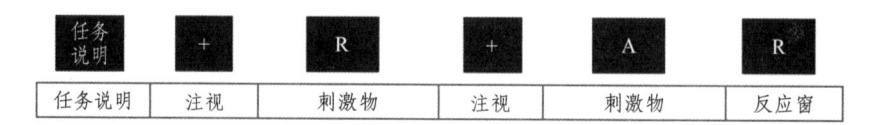

图1-84 工作记忆能力测试流程

（9）认知灵活性测试。

测试说明：屏幕中注视点"+"消失后会出现一个表格，表格中有1~11的数字和A-K的字母，用鼠标快速按1-A-2-B-3-C的顺序依次点击，如图1-85所示。

测试指标：反应时。

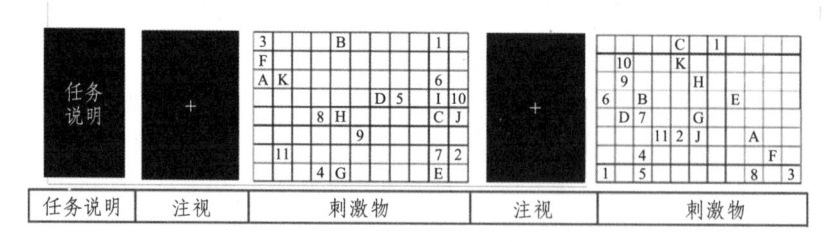

图1-85 认知灵活性测试流程

（10）视觉搜索能力测试。

测试方法：判断左侧的等式是否成立，正确按A键，错误按L键，记住右侧九宫格中黑点的位置，最后选择出现过黑点的格子，如图1-86所示。

测试指标：平均反应时间。

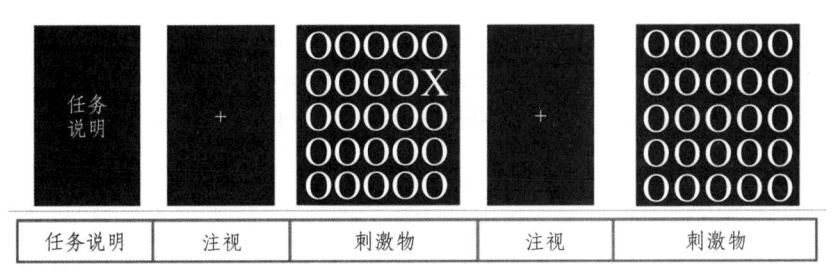

图 1-86　视觉搜索能力测试流程

（11）空间注意定向能力测试。

测试方法：屏幕中会出现左右两个方框；短时间后其中一个框会闪一下，之后在其中的一个方框里会出现一个箭头，当出现箭头时，快速按↑、↓、←、→键对应上、下、左、右箭头做出相应判断，如图 1-87 所示。

测试指标：平均反应时间。

图 1-87　空间注意定向能力测试流程

（12）注意广度测试。

测试方法：在屏幕中会快速呈现若干白色圆点，当白色圆点消失后，要求判断刚刚出现的白色圆点的个数。

测试指标：采用直线内插法求得被试的注意广度系数：

$$W = n_1 - \frac{(n_2 - n_1)(y_1 - 50\%)}{y_1 - y_2}$$

W 为注意广度系数；y_1 为对圆点个数判断正确率稍高于 50% 的百分数，其对应的圆点个数为 n_1；y_2 为对圆点个数判断正确率稍低于 50% 的百分数，其对应的圆点个数为 n_2。

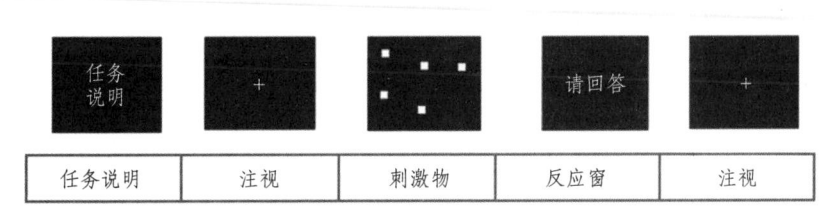

图 1-88　注意广度测试流程

（13）前瞻性记忆能力测试。

测试方法：判断实心箭头的朝向是左还是右。基于事件的前瞻性记忆任务：当看到上下有颜色的方条颜色相同时，按一下空格键。基于时间的前瞻性记忆任务：在完成背景任务的同时完成前瞻性记忆任务二。前瞻性记忆任务二是要求被试在实验开始后每间隔 30 秒用右手尾指按一下回车键，允许在间隔 30 秒的时间点前后 1.5 秒反应，共 3 秒时间内按键则记为反应正确（数秒计时在右上角）。

测试指标：正确率、反应时。

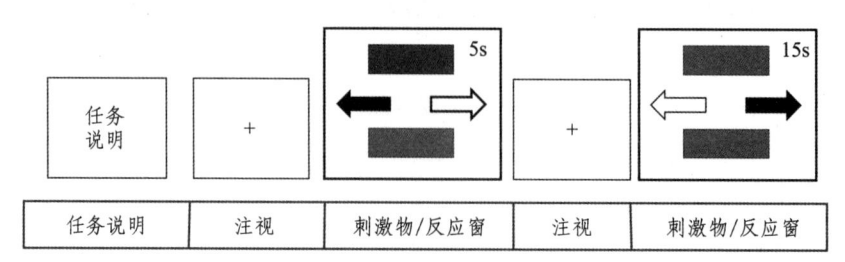

图 1-89　前瞻性记忆能力测试流程

扫码看彩图

第二章　生理及心理适应性检测基础认知实验

在这一章中，主要介绍在人因安全领域中经典的生理及心理适应性检测实验，在对这些基础性的实验进行操作的过程中，能够巩固学生对作业安全适应性和作业人员胜任力测评的基本认知与理解，对接下来进行综合性、创新性和系统性的实验研究打下良好基础。

第一节　感觉阈限测量实验

测量感觉阈限的方法有三种，它们是最小变化法、恒定刺激法和平均差误法。下面我们将一一介绍这三种方法的实验程序和实验结果的统计处理。

一、最小变化法测两点阈实验

（一）实验原理

（1）绝对感觉阈限是指刚刚能引起感觉的最小刺激量。
（2）两点阈是指能分辨皮肤上两点刺激的最小距离。
（3）最小变化法的刺激由递减和递增两个系列组成，每次刺激后让被试报告是否有感觉。

（二）实验目的

测定手心触压觉两点阈，学习使用最小变化法。

（三）实验设备

游标卡尺一个，眼罩一个。

（四）实验步骤

（1）被试坐在桌前并戴上眼罩，手心向上等待。
（2）主试用游标卡尺的两脚沿身体纵向（即手指方向）垂直地、轻轻地（皮肤变形要小，以被试能明显感觉到触觉刺激为准）同时落在被试手心上，并且两脚对皮肤的压力相等。

（3）若被试明确感觉到是两点接触皮肤，就报告"两点"（记录为"＋"），否则报告"一点"（记录为"－"）。

（4）主试事前设定好实验顺序，刺激的两点距离从 0～10 mm 进行选择。按照递增序列（记为↑：从最小刺激值 0 开始依次递增呈现刺激）和递减序列（记为↓：从最大刺激值 10 mm 开始依次递减呈现刺激）交替呈现的方式分别给被试呈现刺激。

（5）进行实验时，递增序列和递减序列各进行 10 次。

（五）统计分析

（1）递增序列中最后一个"－"和第一个"＋"所对应的两个刺激值的中数为该序列的阈限；递减序列中最后一个"＋"和第一个"－"所对应的两个刺激值的中数为该序列的阈限。

（2）将所有序列的阈限值求平均，得到的是该被试的两点阈。

（六）实验注意事项

采用该方法测量明度绝对阈限时出现了定势的影响，可以通过变换每次刺激序列的起始点的方法防止定势对个体明度绝对阈限测量的影响。

二、恒定刺激法测重量差别阈限实验

（一）实验原理

（1）差别阈限是指刚刚能引起差别感觉的刺激物之间的最小差别量。

（2）恒定刺激法：通常所采用的刺激由 5～7 个组成，在实验过程中维持该数目不变，这种方法叫作恒定刺激法。刺激的最大强度要大到它被感觉的概率达到 95% 左右，刺激的最小强度要小到它被感觉的概率只有 5% 左右。各个刺激之间的距离相等，与最小变化法不同的是，恒定刺激法的刺激是随机呈现的，每个刺激呈现的次数应相等。

（二）实验目的

通过测定重量差别阈限学习恒定刺激法，并学习三种反应条件下直线内插法的使用。

（三）实验设备

重量阈标称物一套 8 个：其中 100 g 两个，88 g、92 g、96 g、104 g、108 g、112 g 各一个；眼罩一个。

（四）实验步骤

（1）被试坐于桌前并戴上眼罩。

（2）在每组实验中主试先给被试手掌中放置一个圆柱体，要求被试用右手托住圆柱体慢慢上举，2秒钟后放下，注意这时的重量感觉。

（3）主试给被试放置第二个圆柱体，被试拿起时与第一个圆柱体的重量进行比较，并报告比较后结果是"重""相等"或"轻"（分别记为 +、=、-）。

（4）在每组实验中选取其中一个圆柱体作为标准刺激（100 g），另外一个圆柱体从 7 个比较刺激（88 g、92 g、96 g、100 g、104 g、108 g、112 g）中随机选取一个刺激。

（5）记录被试比较刺激相对于标准刺激的报告结果。每个比较刺激与标准刺激进行 10 组比较，整个实验共做 70 组比较。

（五）统计分析

（1）以比较刺激的重量为横坐标，以反映各比较刺激"重于""轻于"和"等于"标准刺激的次数百分数为纵坐标，绘制 3 条曲线图。

（2）利用直线内插法求被试的重量差别阈限。

（六）实验注意事项

（1）恒定刺激法做 3 类反应时需要在重于曲线上求上限、在轻于曲线上求下限；

（2）实验结果符合韦伯定律。

三、平均差误法测长度差别实验

（一）实验原理

（1）差别阈限是指刚刚能引起差别感觉的刺激物之间的最小差别量。

（2）用平均误差法测定差别阈限，通常来说实验者规定以某一刺激为标准刺激，然后要求被试调节另一比较刺激，使后者在感觉上与标准刺激相等。客观上一般不可能使比较刺激与标准刺激完全一样，于是每一次比较就都会得到一个误差，把多次比较的误差平均起来就可得到平均误差。因为平均误差与差别阈限成正比，所以可以用平均误差来表示差别感受性。

（3）求平均误差的方法有两种：

① 把每次调节的结果（或每次的判断）与标准刺激之差的绝对值平均起来作为差别阈限。

② 把每次调节的结果与主观相等点之差的绝对值平均起来作为差别阈限。在这里，主观相等点是相等地带的中点，它等于各比较刺激的平均数。

（二）实验目的

学习用平均差误法测量感觉的差别阈限。

（三）实验设备

长度估计测量器一个。

（四）实验步骤

（1）用长度估计测量器呈现白背景上的黑色直线，分左右两半，分别由一个活动套子盖住。

（2）背面有以毫米为单位的刻度，主试移动一个套子，使这一半的直线露出 50 mm，作为标准刺激，又用相同的方法使另一半的直线露出一个明显的短于或长于标准刺激的长度作为变异刺激。

（3）被试借助于移动套子调节变异刺激，直到他认为与标准刺激长度相等为止。

（4）记录被试调好的长度。反复实验 40 次，要求标准刺激的位置随机出现在左侧或右侧，各 20 次。

（五）统计分析

计算被试长度估计的平均误（AE），该平均误所得值即为被试当前刺激量的长度差别阈限。

$$AE = \sum \frac{|X - S|}{N}$$

式中 　X——每次测定所得数据；

　　　S——标准刺激的长度；

　　　N——测定的总次数。

（六）实验注意事项

（1）利用平均差误法测得个体的长度，差别阈限会受到标准刺激空间位置的影响。

（2）不同被试对相同标准刺激产生的差别阈限存在差异。

第二节　信号检测法实验

一、实验原理

信号检测论（Signal Detection Theory，SDT）是一种心理物理法，是关于人们在不确定的情况下如何做出决定的理论。它是信息论的一个重要分支。在 SDT 实验中，通常把刺激变量看作信号，把刺激中的随机物理变化或感知处理信息中的随机变化看作噪音。常以 SN（信号加噪音）表示信号，以 N 表示噪音。

二、实验目的

通过重量辨别学习信号检测法实验的有无法。

三、实验设备

重量阈标称物：100 g、104 g、108 g、112 g 各一个；眼罩一个。

四、实验步骤

（1）被试坐于桌前并戴上眼罩。主试分别把 104 g、108 g、112 g 的重量与 100 g 的重量配对呈现给被试进行比较，每个重量比较 10 次。选出一个被试在 10 次比较中 7 次或 8 次觉得比 100 g 重的重量作为信号刺激（SN），100 g 的重量作为噪声（N）。

（2）主试按下列 3 种不同的 SN、N 出现的概率安排实验顺序：

	（1）	（2）	（3）
$P(SN)$	0.20	0.50	0.80
$P(N)$	0.80	0.50	0.20

（3）实验前让被试先熟悉信号和噪声的区别，并告诉被试在该组实验中信号出现的概率。实验中，被试拿住圆柱体慢慢上举，2 s 后放下，要求每次提举时的高低和快慢尽量保持一致。提举后要求被试判断刚才提举的圆柱体是信号还是噪音，并报告给主试。每组共 50 次测试，50 次测试中信号和噪音出现的顺序按随机原则。每种先定概率做 2 组，其中信号在前和信号在后各 50 次。

五、统计分析

（1）分别计算每种先定概率下个体的击中率 $P(y/SN)$、虚报率 $P(y/N)$。
（2）画出操作者特征 ROC 曲线。
（3）计算辨别力指标 d' 和似然比 β。

$$d' = Z_{SN} - Z_N = Z_{击中} - Z_{虚报}$$

$$\beta = O_{SN}/O_N = O_{击中}/O_{虚报}$$

六、实验注意事项

（1）不同的先验概率会影响个体的判断标准。
（2）不同的被试在相同的信号噪声辨别实验中的辨别力存在差异。

第三节　暗适应测试实验

一、实验原理

当我们从光亮的地方进入暗处时，最开始我们什么也看不见，但逐渐地适应之后能看到暗处的物体并感受到物体的细节。换句话说，即我们眼睛的感受性在逐渐提高。这种在黑暗中视觉感受性逐渐提高的过程叫作暗适应。从生理机制上来看，早期的暗适应是由锥体细胞与棒体细胞共同完成的；然后，锥体细胞完成暗适应过程就只有棒体细胞继续起作用。

二、实验目的

重现与验证暗适应现象。

三、实验设备

暗适应仪。

四、实验步骤

（1）被试坐在观察窗前，双眼须舒服地紧贴观察窗口，睁大眼睛注视正前方的白板。

（2）灯光熄灭后，前方窗口遮板下落，将暴露10行数字，要求被试将数字由上至下分段读出，直到10行数字读完或遮板再次挡住数字板。

（3）主试根据被试的口头报告，对照呈现的数字板原稿，统计被试的识别程度（正确的报告行数）。

五、统计分析

（1）统计被试对4种数字板的识别程度，以最低值为准，转换成相对应的视力值。

（2）以视力值为纵坐标，以对应某视力值所用时间为横坐标，画出暗适应曲线。

（3）以暗适应时不同的照度为横坐标，以视力值为纵坐标，画出暗适应曲线族。

六、实验注意事项

数据记录要及时、真实和可靠。这样我们就能看到，不同照度下被试的暗适应过程不同，不同被试在同一照度下的暗适应过程也存在差异。如实验室有条件可配置特制的红色护目镜，这种护目镜可以利用红光保护暗适应水平。学生可以在佩戴护目镜后再次进行暗适应测试，研究暗适应水平是否能够提升。

第四节　闪光融合临界频率测试实验

一、实验原理

闪光融合是指当刺激不是连续作用而是断续作用的时候，随着断续频率的增加，感觉到的不再是断续的刺激，而是连续刺激的一种景象。我们看到一系列的闪光，当每分钟的次数增加到一定限度时，人眼就不再感到闪光，而是感到一种固定或连续的光，在视觉中，这种现象称为闪光融合现象。当人的视觉分辨不出闪烁光是否闪烁时，此时光闪烁的频率称为闪光融合值，也叫闪光融合临界频率。闪光融合临界频率可以反映大脑活动水平，长期以来一直被作为评价疲劳程度的重要指标。闪光融合临界频率测试法在疲劳驾驶的研究中被广泛使用。

二、实验目的

学习测定闪光融合临界频率的方法

三、实验设备

心理实验台中的闪光融合单元。

四、实验步骤

（1）主试对闪光颜色、闪光亮度、占空比、背景亮度、起始频率等参数进行设定。

（2）被试观察暗视场屏幕，看到一个闪烁（或不闪烁）的亮点。被试通过按手键调节亮点的闪烁频率，直到调节至亮点闪烁或不闪烁的临界点为止。

（3）被试先进行右眼实验，然后进行左眼实验。每只眼睛渐增、渐减系列各做16次，两个系列按"A—B—B—A—B—A—A—B"的顺序进行。注意相邻顺序的相同系列实验起始点应有明显变化。

（4）主试记录在每种条件下被试每次调节的频率值。

五、统计分析

（1）分别求出左、右眼渐增、渐减系列的闪光融合临界频率。
（2）计算左、右眼闪光融合临界频率。

六、实验注意事项

（1）个体左、右眼闪光融合临界频率存在差异。
（2）闪光融合临界频率受闪光颜色、闪光亮度、占空比、背景亮度的影响。

第五节　深度知觉测试实验

一、实验原理

深度知觉是指人对物体远近距离即深度的知觉，它的准确性来源于对深度线索的敏感程度的综合测定。

二、实验目的

证实双眼视差在深度知觉中的作用，比较单眼和双眼在辨别远近中的差异。

三、实验设备

霍尔-多尔曼深度知觉测量器。

四、实验步骤

（1）仪器上的固定直棍为标准刺激，活动直棍为变异刺激。

（2）被试在离仪器窗口2米处观察，使被试在窗口中只见到直棍的中部。把变异刺激放在较远的位置，让被试自己调节变异刺激，直到认为两根棍与自己等远时为止（由远到近）。

（3）再把变异刺激放在较近的位置，用同法操作（由近到远），每次被试调节好后主试记下两棍的距离（即误差）。

（4）用平均误差法测定单眼和双眼辨别远近的能力，实验开始前排好顺序表，共做8次，其中单、双眼各4次，按"↑""↓""↓""↑"或"↓""↑""↑""↓"的序列来安排。

五、统计分析

计算单、双眼辨别远近的误差平均数，并考验其差异显著性。

六、实验注意事项

（1）双眼条件下深度知觉测量的准确性高于单眼条件下，证明双眼视差有利于深度知觉的判断。

（2）不同被试的深度知觉状态存在一定差异。

第六节 瞬时记忆广度测试实验

一、实验原理

瞬时记忆又叫感觉记忆,这种记忆是指作用于人们的刺激停止后,刺激信息在感觉通道内的短暂保留。信息的保存时间很短,一般为 0.25~2 秒。瞬时记忆的内容只有经过注意才能被意识到,继而进入下一步的短时记忆,因此瞬时记忆的广度远大于短时记忆。对于瞬时记忆的测量,经典方法是部分报告法,它不要求被试再现全部项目,而只要求再现指定的一部分,再根据这一部分的结果估算保存的总量。

二、实验目的

用部分报告法对瞬时记忆的广度进行测定。

三、实验设备

(1)显示器,编有顺序号的卡片 50 张,(每张上有 1、2、3、4 和 ×、0 等符号各 4 个,分三行书写,每行 4 个,3 行共占面积 36×36 mm。)秒表,纸,笔等。

(2)幻灯,定时器,幻灯片 50 张(内容与编号同上),秒表等。

四、实验步骤

(1)被试坐在桌前,桌上放着纸,手里拿笔,当主试喊"预备"口令时,被试必须注视屏幕的中心。

(2)刺激呈现的一刹那,被试必须全面观察 12 个符号,切莫按读书的习惯从左上角开始而忽略了右下角。

(3)主试在刺激呈现结束的同时说"2"(或"1",或"3"),被试听到后立即依次写出刚才观察到的第二行(或第一行,或第三行)的符号。

(4)过程中要求被试在刺激呈现时必须注视屏幕中心,全面观察 12 个符号,并说明本实验的安排能否看清每一个符号。

(5)按上述方法呈现刺激,被试再现完毕后再呈现第二张。每呈现完 15 张,休息 2 分钟。

五、统计分析

(1)整理全部结果,将被试每次再现的结果与刺激卡片上的内容对照。统计出每次被试回忆正确的符号数目(要求内容与位置相对,如其中一项不对就算错)。

（2）按实验顺序和再现的行数把结果列成表格，并分析在45次中正确再现数目的波动情况。

（3）计算瞬时记忆广度，瞬时记忆广度＝正确再现的符号的平均数×3。

六、实验注意事项

（1）部分报告法可以最大限度地测量个体的瞬时记忆，瞬时记忆广度为9～20个项目。

（2）不同被试的瞬时记忆广度存在一定差异。

第七节　动作稳定性测试实验

一、实验原理

个体动作稳定性体现了个体的操作能力，其不仅存在利手差别，还受到情绪等生理心理状态的影响。

二、实验目的

检验情绪对动作稳定性的影响，进行利手和非利手动作稳定程度的比较。

三、实验设备

JGW-B 心理实验台九洞仪实验单元、计数器和计时器。

四、实验步骤

（1）被试准备好以后，主试按"启动"开关。

（2）被试手握表笔开始进行实验，每种情况先做优势手，后做非优势手。

（3）实验过程中要求被试手拿金属棒必须与洞所在平面垂直，手臂悬空，注意集中，尽量做到棒不碰洞边。

（4）当被试正常通过，进出棒时都没有碰洞边（绿灯亮）就算对某洞通过，在记录纸上相应的洞号记下"√"；如果碰了边（红灯亮）就记上"×"，算没有通过。

（5）通过的洞越小，动作就越稳定。要求被试按照"123""456""456""789"四种顺序完成实验。每做完一种情况，休息2 min。

五、统计分析

统计四种情况下被试能够顺利通过的孔洞情况，以及利手和非利手的完成情况。

六、实验注意事项

（1）利手所能通过的孔洞较非利手小，说明利手的动作稳定性较非利手好。

（2）当出现连续错误时，被试的完成情况明显变差，说明情绪波动会影响个体动作稳定性。

（3）不同被试的动作稳定性存在个体差异。

第八节 学习迁移能力测试实验

一、实验原理

学习迁移是指一种学习对另一种学习的影响，亦是将学得的经验有变化地运用于另一情境。

二、实验目的

加深对学习迁移能力含义的理解，学会操作学习迁移能力的测试仪器。

三、实验设备

学习迁移能力测试仪 EP804。

四、实验步骤

（1）接通电源，主试面板显示 00000.0，被试面板顺序显示编码图形，编码指示灯亮。

（2）编码选择：按主试面板"编码选择"键，可选择编码Ⅰ~Ⅳ，对应被试面板编码灯点亮。

（3）按"显示"键，可分别显示时间：00000.0、总次数——出错次数：000-00 和正确回答累计时间——分数：000.0-00。

（4）当准备开始测试时，被试按回车键，仪器自动按编码显示对应图形或字母，当听到嘀一声，且回灯灯亮时，被试应按顺序按数码键进行回答。

（5）当回答正确时，仪器自动产生下一组随机编码以供被试回答，且加一分。

当回答错误时，仪器蜂鸣响，且答错灯亮，这时被试需按回车键停止蜂鸣，并重新输入正确编码。

（6）当连续正确回答 10 组时，记满分 10 分测试结果，仪器长蜂鸣提示结束，按任一键（除复位键外）可停止蜂鸣。主试按"显示"键切换显示屏内容，显示内容同步骤（3），并记录结果。

（7）如需新的测试，可按复位键，具体操作同前。

五、统计分析

仪器自动判别正确和错误，自动记分、记错、计时并显示。用回答灯自动显示被试回答数，被试回答出错时，仪器响蜂鸣，答错指示灯亮。

测试结果显示方式：六位数码管显示测试结果，仪器自动计时、记分、记错。自动计时范围：0.1～99999.9 s，最大记错次数 99 次。仪器测试结果统计规则如下：

（1）记分规则：正确回答一组加 1 分，连续正确回答十组编码为满分 10 分。

（2）记错规则：回答过程中，一组中的任一位编码答错，记错一次，测试时累计记错，且分数清零。

六、实验注意事项

五个"8×8"点阵 LED 显示屏并列显示英文字母 N，T，K，H，Z，字母随机排列。实验前，每个被试进行练习测试。

第三章　人因安全综合创新型实验

通过前面的学习，学生掌握了基本认知能力测试的实验方法、实验步骤和数据收集，在这一章中进入人因安全的综合型、创新型和高阶段的实验教学模块。结合模拟仿真的交通运输实验场景，进行关键作业人员的适应性测评实验研究。在这一阶段，融合学科交叉思维（人因学、心理学、交通运输工程等），探索多因素实验设计的方法，进一步巩固眼动仪、脑电仪以及统计分析软件的操作技能，了解适应性测试的实现路径，为今后更深入地进行人因安全研究奠定基础。

第一节　驾驶员简单反应时间预测实验

一、实验原理

（一）背　景

国内外的研究表明，驾驶员的反应时间与事故率有显著的关系。在直接影响汽车驾驶安全的心理品质中，驾驶员对道路情境变化的反应速度是最重要的，若能在驾驶员得到预警信号后有足够的反应时间，就能减少50%交通事故的发生。

（二）关键词

驾驶员反应时间主要分为简单反应时间和选择反应时间。简单反应时间指的是测试中对驾驶员呈现单一的刺激，要求驾驶员完成单一动作的反应。选择反应时间指的是测试中对驾驶员呈现两个或两个以上的刺激，要求驾驶员对不同的刺激完成不同动作的反应。

根据已有研究，驾驶员在公路上以自由状态驾驶，对突然出现的刺激做出的反应为简单反应，本书研究对象为封闭道路跟驰驾中对前车刺激的反应时间，应属于简单反应时间范畴。

（三）理论原理

驾驶员疲劳、警觉度下降、脑力负荷等变化会导致对突发事件的反应能力下降，这些变量可以通过生理信号进行测量，生理信号包括脑电（EEG）、心电信号（ECG）等，其中脑电信号一直被研究人员认定为能够反映驾驶员状态最准确的生理信号。

在将脑电信号用于对驾驶员的状态识别方面，脑电信号的频域特征是最为常用的指标，对于常用的 1~30 Hz 波段，能够提取出 4 种基本的脑电信号，分别为 δ 波（1~4 Hz）、θ 波（4~7 Hz）、α 波（7~13 Hz）以及 β 波（13~30 Hz）。研究中常用到的脑电信号主要为 α 波和 β 波，α 波一直被当作检测驾驶疲劳的黄金指标，主要反映驾驶员的疲劳、困倦程度，而 β 波则是警觉度的标志，见表 3-1。

表 3-1　驾驶员状态变化与脑电信号关系

状态变化	α 波	β 波
警觉度↑	↓	↑
疲劳↑	↑	↓
出现分心	↑	↓
脑力负荷↑	↓	—

二、实验目的

通过科学实验设计收集驾驶员的简单反应时间以及脑电数据，为探究驾驶员脑电信号与简单反应时间关系，构建一种驾驶员简单反应时间预测方法。

三、实验设备

（1）驾驶模拟器：罗技 G27 模拟器及配套驾驶外设，TORCS 驾驶模拟软件。
（2）简单反应时间：改进一位 USB 反应采集器。
（3）脑电采集仪：美国 Neuroscan 脑电仪，64 导脑电帽。

四、实验任务与程序

（一）被试的选择

要求被试身体健康，持有国家合法驾照，无精神病史，实验前一个月无服用影响精神的药物史，所有被试视力正常或矫正正常。被试在实验前 24 小时禁止饮用含有酒精或咖啡因的功能性饮料，且保证当天充足睡眠。

（二）实验任务

本次实验为双任务范式，在驾驶任务的同时嵌入了一个简单反应时间的测试任务，以测得驾驶员在动态实验中的简单反应时间。

1. 驾驶任务

全路段风景单一，无坡度变化，除引导车外无任何车流、行人对被试造成干扰。要求被试驾驶车辆保持约 60 km/h 的运行速度对引导车进行跟驰，跟驰距离为被试主观认为的最小安全距离，若两车间距大于 80 m，引导车减速等待被试。被试要求在跟驰过程中全程在第二条行车道行驶，禁止撞击或超越引导车，驾驶任务总时长为 120 min。

2. 简单反应测试任务

本次实验中的简单反应测试任务为对引导车的刹车信号灯刺激做出反应，在跟驰过程中，前车尾部刹车灯会随机亮起，当刹车灯信号出现时，引导车速度变化范围<5 km/h，要求被试在观测到信号灯亮起后尽快做出按键反应，无其他操作，如图 3-1 所示。

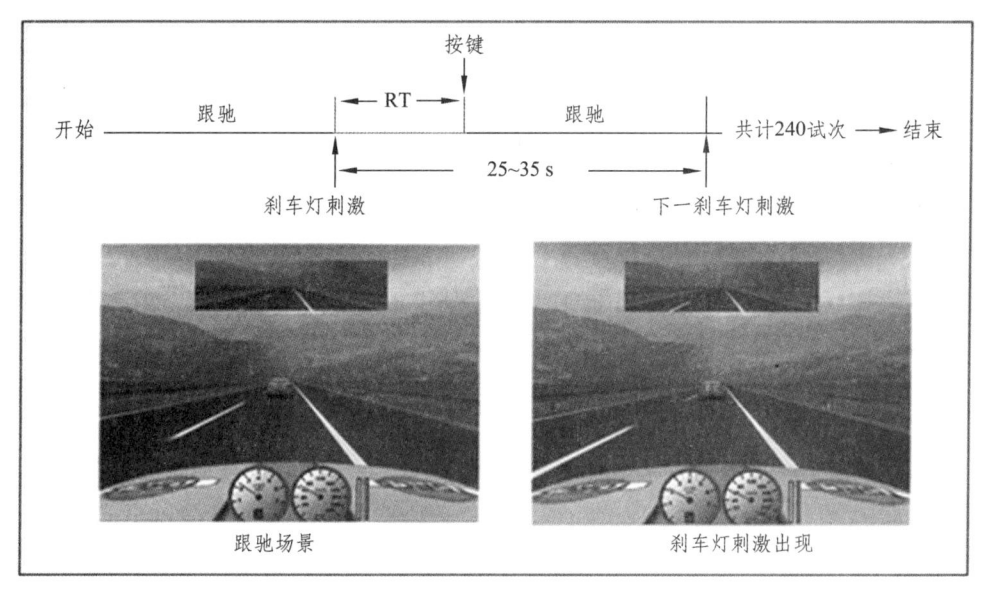

图 3-1 简单反应时实验任务

（三）实验程序

（1）研究表明，在午饭后，人的状态会更容易产生变化。本次实验在下午 1 点 30 分开始。本次实验要保持关闭窗门，在暗光下进行实验，室内温度控制在 26 ℃，屏蔽光照及噪音对驾驶员的影响。

（2）实验前被试有 15 min 休息时间，以使得兴奋程度降至平静水平。在休息的同时，被试需进行相关信息表格的填写，包括年龄、驾龄、驾驶里程等。同时主试给被试讲解相关设备的使用方式，并对设备做好检查。在休息结束后，让被试熟悉方向盘、刹车、油门以及简单反应时间采集按键的操作，驾驶任务中要求被试按照规定以正常习惯驾驶即可。

（3）被试对相关设备熟悉后，进入洗漱间准备，洗头需按照中科院要求方法对头部进行测底清洁，主要目的为降低头皮阻抗。

（4）在对头皮清洁完成后，开始佩戴脑电设备，为被试的脑电帽注入脑电膏，确保头皮与电极之间阻抗满足实验要求。

（5）在实验准备完成后进入练习阶段，给予被试 10 min 以上的驾驶模拟练习时间，确保在刹车灯刺激出现后能习惯地做出按键反应，在被试完成练习后做最后的准备确认，强调在实验中要尽量减少头部晃动、身体移动、频繁眨眼等对脑电信号产生明显干扰的行为发生，并再次确认脑电帽阻抗保持稳定。

（6）准备结束，开始进行 2 h 模拟驾驶实验任务，中途不休息，禁止在驾驶过程中接听电话。实验开始后，主试离开测试房间，进入观察室监测实验，实验结束后拷贝实验原始数据及关闭实验设备。实验流程图如图 3-2 所示。

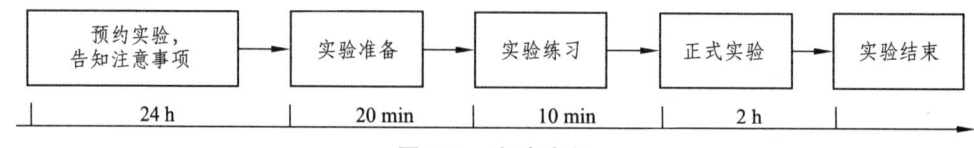

预约实验，告知注意事项 (24 h) → 实验准备 (20 min) → 实验练习 (10 min) → 正式实验 (2 h) → 实验结束

图 3-2　实验流程

（四）数据采集

（1）驾驶员简单反应时间：数据为行驶过程中驾驶员对于前车刹车信号刺激做出的按键反应时间。作为本书研究的因变量，用于选取脑电信号特征指标以及预测模型建模。

（2）车辆位置数据：数据为车辆距离起点的距离结合线路设计参数，用于分析刺激出现时刻车辆所在位置为弯道或直道，提取出道路线形特征作为驾驶员简单反应时间预测模型的自变量。

（3）脑电原始数据：数据为实验过程中大脑皮层的生理电压信号，根据理论基础，提取脑电信号频域中 α 波和 β 波的功率谱密度，以提取出的特征作为预测驾驶员简单反应时间的自变量。

第二节　基于脑电信号的驾驶持续性注意水平识别实验

一、实验原理

（一）背　景

在长时间单调驾驶过程中，驾驶员需对复杂的道路交通环境始终保持高度警觉状态，随着驾驶时间不断推进，驾驶员的持续性注意水平也随之下降，从而容易诱发驾驶疲劳，对突发事件反应时间延长，影响了驾驶安全。

（二）关键词

1. 持续性注意

持续性注意是指在一段不间断的时间内对某个客体或者活动进行注意保持，也称对外界信号的注意稳定性。

驾驶员进行长时间驾驶作业时，由于驾驶员保持一种驾驶姿势，加上较高的精神负荷，面对外界复杂的道路信息容易引发驾驶持续性注意水平下降。当驾驶员持续性注意水平下降时，驾驶员的操作能力与信息处理能力均出现不同程度的下降，从而容易引发驾驶疲劳，增加了驾驶操作失误率，导致道路交通事故的发生。

2. 驾驶行为绩效

根据国内外研究，将驾驶反应时、方向盘转角大小、车道偏移量及速度偏差等驾驶行为特征作为驾驶行为绩效。

（三）原　理

本实验主要针对驾驶持续性注意水平识别进行了探讨，利用驾驶员的行为绩效来衡量不同等级的持续注意水平，提取不同等级的脑电特征参数作为识别指标，建立驾驶持续性注意水平识别模型。

二、实验目的

收集驾驶行为绩效数据和脑电数据，探讨两者与驾驶持续性注意水平之间的关系，论证脑电信号的变化可以直接反映驾驶持续性注意水平变化的假设。

三、实验设备

（1）VDS-S-II 型客车驾驶模拟器：采用 3 通道柱面作为大屏幕视景系统，7.1 数字音频发声系统，方向盘、驾驶座位等硬件与真实车辆高度一致。

（2）脑电采集仪：德国 Brain Products 公司生产的 32 导脑电仪，能够实现对信号进行多导采集。

四、实验任务与程序

（一）被试的选择

要求被试身体健康，持有国家合法驾照，无精神病史，实验前一个月无服用影响精神的药物史，所有被试视力正常或矫正正常。被试在实验前 24 h 禁止饮用含有酒精或咖啡因的功能性饮料，且保证当天充足睡眠。

（二）实验任务

1. 主任务

模拟驾驶器保持大于 60 km/h 的运行速度，在操作上与视景中的前车保持安全间距。

2. 次任务

当被试发现屏幕前方出现红点时，要求尽可能地做出按键反应（如被试反应时间超过 1 000 ms 则视为反应无效）。其中，为避免被试事先预估到红点刺激信号出现时间，红点刺激信号将随机出现，出现时间为（14 + 1.5）s。

（三）实验程序

（1）本次实验时间均安排在上午 8:30 开始，其目的在于被试在驾驶开始前保持较高的觉醒状态。为了避免驾驶模拟器舱外光线对被试产生干扰，本次实验将关闭窗口，保持暗光下进行实验，并对室内温度的适宜性进行控制，实验场景如图 3-3 所示。

（2）在实验开始之前，被试填写年龄、驾龄、驾驶里程等相关信息，待完毕之后休息 15 min，同时主试调试好各实验设备。休息结束后，让被试熟悉方向盘、离合器、脚刹、油口等操作性能，被试只需按照日常生活中的驾驶习惯进行驾驶操作即可。

（3）被试告知主试已熟悉驾驶模拟器之后，主试将被试带入洗漱间，让被试清洗头发并吹干，主要目的为降低头皮阻抗。

（4）待被试确定头发已干后，要求被试带上脑电帽，同时为了让电极与被试头皮阻抗达到最低要求，通过脑电帽中的电极孔注入对人体无伤害的导电膏，在注入之前向被试说明导电膏的所含成分及无害性。

（5）为了消除练习效应对实验结果的干扰，给予被试 15 min 的驾驶模拟练习时间，练习结束后被试应注意以下事项：

① 实验过程中原则上不准上厕所，因此被试应在实验开始前上厕所；

② 实验开始前调整好被试认为舒适的坐姿，在实验开始时禁止随意更改驾驶坐姿，其目的是减少在记录脑电信号的过程中增加人为噪声。

（6）待被试告知主试准备好时，填写 KSS 疲劳测量主观量表，通过被试主观判断来记录被试当前的精神状态。填完之后实验正式开始。

（7）进行模拟驾驶实验任务，中途不休息，禁止在驾驶过程中转动头部、接听电话。实验结束后被试依然要填写 KSS 量表，摘除脑电帽，提取实验原始数据并关闭实验设备。

图 3-3 实验场景

(四) 数据采集

（1）驾驶主观疲劳测评数据采集。记录驾驶前后被试 KSS 量表得分。

（2）驾驶行为绩效数据采集。记录被试在随机刹车信号出现时刻至按键反应时刻，两者之间的差值即为被试的反应时间。同时记录反应正确率与速度偏差（驾驶要求速度与实际运行速度之差）。

（3）脑电信号数据采集。采用脑电采集仪对被试在驾驶过程中所诱发的脑电信号进行采集。与此同时，记录被试的水平和垂直眼电，以便在数据处理过程中去除伪迹。采样频率为 1 000 Hz，频率带宽为 1~100 Hz，所有电极阻抗控制在 5 kΩ。

第三节　模拟驾驶环境下驾驶员反应抑制能力及其脑电机制实验

一、实验原理

（一）背　景

驾驶是一个集合众多认知能力的在常态和危险状态下保持驾驶安全性和效率的行为。如在平稳驾驶中时刻需要注意外来物体（针对此刻驾驶员所处的道路交通系统而言，例如忽然出现的行人、动物等）的侵入，这需要驾驶员的持续性注意能力在感知到风险后，或者感知到环境的变化后（如黄灯变红灯），能放弃目前状态（油门）而采取减速措施（刹车），这就需要驾驶员的反应抑制能力。在城市道路中驾驶，经常会看到交通标识，或者在使用导航系统时都需要驾驶员的心理旋转能力等。因此研究驾驶员的认知能力是解释和减少交通事故的有效途径。

（二）关键词

1. 反应抑制

反应抑制是抑制功能中的一种，是指在对某项进程加工完成后，产生了类似"惯性"的残余效应，这种"惯性"的加工通常是无意的，这使得当前进程加工必须要克服这种"惯性"以应对不断变化的信息化环境，保证特定目标行为的进行。

2. 驾驶中的反应抑制能力

反应抑制能力的主要功能是抑制对不符合情景或者与主题不相关事件的反应，是将感知与执行结合起来的一项能力，做出正确决策以适应任务变化的要求。国外学者采用对反应抑制和驾驶行为的关系进行了初步研究，发现反应抑制能力和模拟驾驶任务的行为绩效有相关关系。

（三）原　理

本实验是从神经层面研究驾驶员的反应抑制能力与驾驶行为，以心理学任务（Go/Nogo 范式）为模板，设计了一个驾驶-反应抑制任务。从两类任务的差异性与相关性来验证任务的有效性，并结合模拟驾驶任务将驾驶反应抑制任务的 ERPs 指标与模拟驾驶行为进行相关分析，以探究二者之间的关系。

1. Go/Nogo 范式

这是认知学中研究反应抑制最常用的范式。在此类范式中，通常存在两种刺激，一类为 Go 刺激，另一类为 Nogo 刺激。当出现 Go 刺激时，要求被试对其快速反应（一般情况下为按键反应）；当出现 Nogo 刺激时，要求被试不做任何反应。刺激的材料一般情况下为视觉材料，也有采用声音材料的。刺激数量一般情况下 Go 刺激多于 Nogo 刺激，比重一般为 4∶1。该范式中，反映反应抑制能力的指标有两个，一个为对 Go 刺激的反应时间，另一个为错对 Nogo 刺激做出反应的误报率。反应时越短、误报率越低，则代表抑制能力越强，如图 3-4 所示。

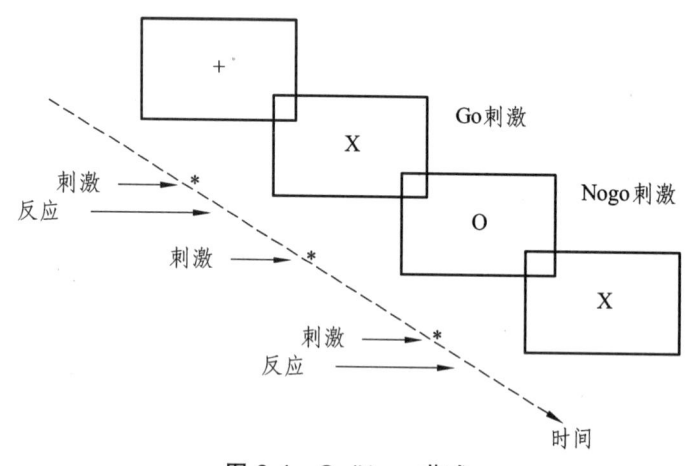

图 3-4　Go/Nogo 范式

2. 事件相关脑电位

事件相关脑电位（Event-related potentials，ERPs）是通过加载或撤销特定事件而引发头皮产生脑电并得到其平均电位的一种技术。由特定事件诱发出的相关电位称为 ERPs 成分，ERPs 成分有两个属性：潜伏期和波幅。潜伏期是指从刺激呈现到成分出现（到达到峰值或谷值）的时间，通常为毫秒级；波幅是指该成分的电压峰值（谷值），通常为微伏级。ERPs 技术通常作用于感觉系统（视觉、听觉、触觉），其技术原理为通过重复多次的事件刺激，对激发的电位进行平均，将自发的随机噪声抵消，如图 3-5 所示。而 ERPs 由于其潜伏期固定，波形相对稳定，即可在多次叠加平均中提取出来。

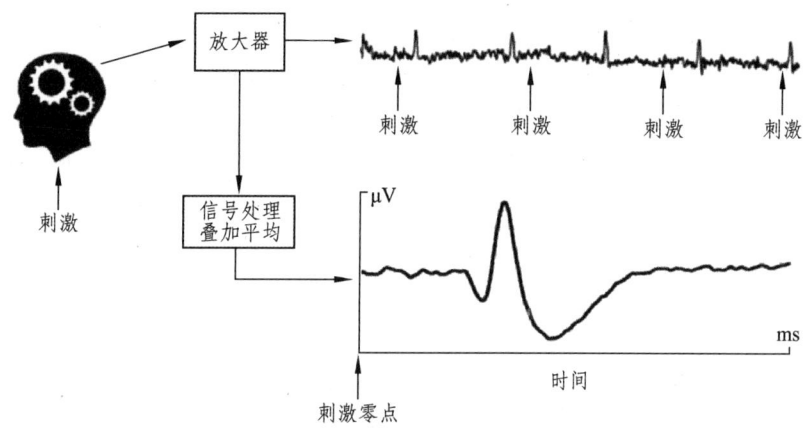

图 3-5　ERPs 技术基本原理

由于 ERPs 技术能实时记录事件诱发的脑电位，具有高度时间敏感性，因此常与心理学范式相结合来研究相应认知功能的加工进程。在反应抑制能力的研究上，ERPs 技术通常与 Go／Nogo 范式相结合，而 Go／Nogo 范式所包含的刺激诱发出的 ERPs 成分在一定程度上体现了反应抑制的加工进程，因此可作为衡量反应抑制能力的指标。下面将分别从 Go 条件和 Nogo 条件来对 ERPs 指标进行阐述。

（1）Go 条件下的 ERPs 指标。

Go 刺激主要诱发了 Go-P3 成分，Go-P3 为一个正波，潜伏期大概为 300～400 ms，主要分布在顶区电极点（Fz，Cz，Pz）。Go-P3 成分主要代表了对 Go 刺激的注意、辨别、脑内资源分配等，其潜伏期和波幅与刺激概率、任务难度、任务类型等相关。Go-P3 潜伏期越短，说明对 Go 刺激相关认知进程进行得越早，行为上表现出的反应时也越快；Go-P3 波幅越小，说明对 Go 刺激投入的认知资源越多，一般情况下投入资源越多说明注意越集中，失误越少。典型 Go-P3 的波形如图 3-6 所示。

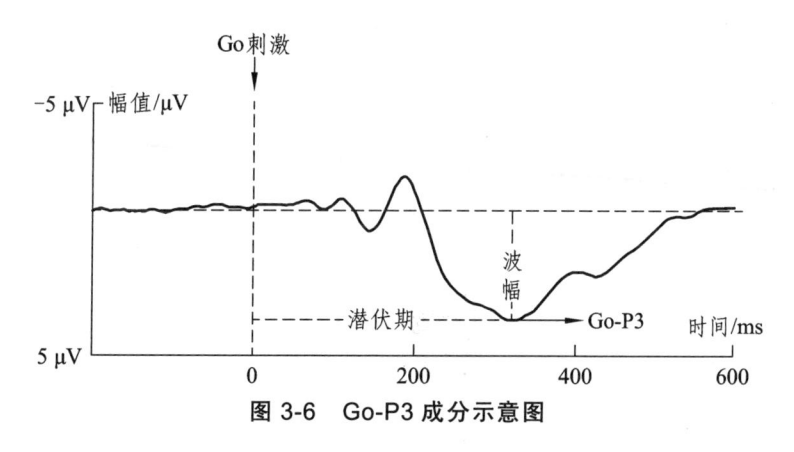

图 3-6　Go-P3 成分示意图

（2）Nogo 条件下的 ERPs 指标。

Nogo 刺激主要诱发了 Nogo-P3 和 N2 成分。Nogo-P3 和 Go-P3 类似，只不过 Nogo-P3 比 Go-P3 潜伏期延后，波幅更大，其代表的加工进程含义也与 Go-P3 一致。Nogo-P3 潜伏期越短，说明对 Nogo 刺激相关认知进程进行得越早；波幅越小，说明对 Nogo 刺激投入的认知资源越多，误报率越小。N2 为一个负波，潜伏期大概为 200~300 ms，主要分布在顶区电极点（Fz，Cz，Pz）。N2 成分主要代表了对两类刺激冲突的检测、辨别，其潜伏期和波幅与刺激形式、两类刺激冲突程度、任务难度相关。N2 潜伏期越短，说明对两类刺激冲突相关认知进程进行得越早，两类刺激冲突越大则潜伏期越长；N2 波幅越小，说明对检测到的两类刺激的冲突越小。典型 Nogo 条件下的 ERPs 成分波形如图 3-7 所示。

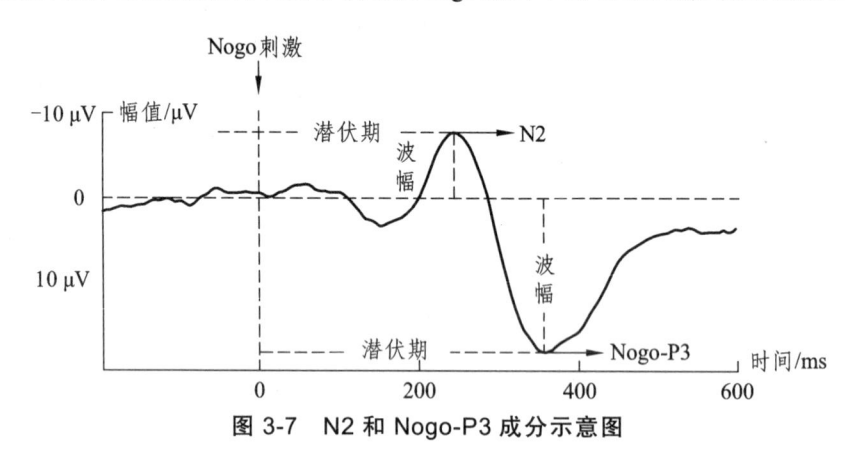

图 3-7 N2 和 Nogo-P3 成分示意图

二、实验目的

本实验目的是通过 ERPs 技术研究模拟驾驶环境下驾驶员反应抑制能力及其脑电机制，并探究模拟驾驶环境下的反应抑制与驾驶行为绩效间的关系。

三、实验设备

（1）STISIMDRIVEM100K 驾驶模拟软件编辑场景；
（2）LogitechMomo 力回馈方向盘系统，有油门踏板和制动踏板；
（3）美国 Neuroscan 公司生产的 64 导脑电成像扫描系统 scan4.5。

四、实验任务与程序

（一）被试的选择

要求被试身体健康，持有国家合法驾照，无精神病史，实验前一个月无服用影响精神的药物史，所有被试视力正常或矫正正常。被试在实验前 24 h 禁止饮用含有酒精或咖啡因的功能性饮料，且保证当天充足睡眠。

（二）实验任务

实验任务总共分为三部分，分别为传统心理学 Go／Nogo 任务、驾驶 Go／Nogo

任务和模拟驾驶任务，模拟驾驶任务又细分为三个任务：限速弯道任务、避让行人任务和跟驰任务。

1. Go/Nogo 任务

在传统心理学 Go/Nogo 任务中，Go 刺激为绿色圆点，Nogo 刺激为红色圆点。在每个试次中，首先注视点"+"会呈现在屏幕中心，接着 Go 和 Nogo 刺激随机出现在注视点出现的位置（但不连续出现两个 Nogo 刺激）。刺激呈现时间为 200 ms，刺激间隔时间为 1 100~1 700 ms，如图 3-8 所示。Go 刺激的数量为 384，占刺激总数的 80%；Nogo 刺激的数量为 96，占刺激总数的 20%。该任务要求被试在看到绿点时尽快按下 M 键，看到红色圆点时不做反应，任务时长约 13 min。

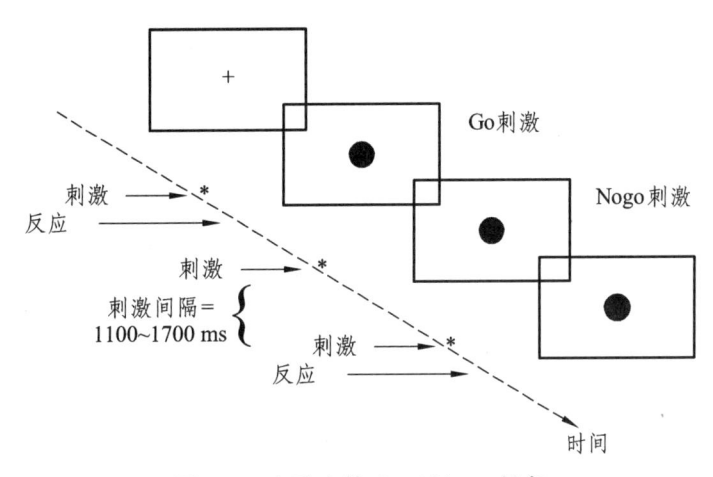

图 3-8 实验中的 Go/Nogo 任务

2. 在驾驶 Go/Nogo 任务

一共包含 100 个试次，其中 Go 试次 80 个，Nogo 试次 20 个，Go 和 Nogo 随机出现（但不连续出现两个 Nogo）。该任务要求被试以 60 km/h 的速度行驶，在看到左边车道的车辆进行变道时（Go 刺激）尽快向右变道，在避让结束后尽快回到中间车道行驶；在看到左右两边车道都在进行变道时（Nogo 刺激）保持

当前行车道位置不变。当被试发生碰撞时，模拟器自动发出碰撞模拟声，车辆回到屏幕中央，重新开始下一个试次。实验路段全长约 23.5 km，任务时长约 25 min。

3. 限速弯道任务

限速弯道任务的实验场景为双向两车道的山丘地形多弯道路段，对向设置车流以模拟真实道路环境，道路右侧固定位置设置 25 km/h 的限速标志。该任务要求被试在开始以 45 km/h 的速度行驶，在看到限速标志时应立即减速，在行驶过程中应遵守交通规则。实验路段全长约 9.1 km，任务时长约 8 min。

4. 避让行人任务

避让行人任务的实验场景为双向两车道的平原地形郊区路段，此场景不设置其余车流，道路左右两侧设置行人，行人有一定概率过街。该任务要求被试在 25 km/h 的速度下行驶，在观察到行人过街的时候按照平时的驾驶习惯对其进行避让。实验路段全长约 6.7 km，任务时长约 10 min。

5. 跟驰任务

跟驰任务的实验场景为双向两车道的平原郊区路段，此场景不设置其余车流，车辆前方有一引导车，引导车有一定概率急刹车。该任务要求被试在 45 km/h 的速度下对前方引导车进行跟驰，当观察到前方车辆刹车时，采取措施避免碰撞。实验路段全长约 12.1 km，任务时长约 10 min。

（三）实验程序

（1）实验开始的前一天预约被试，确定实验时间（早上为 9:00—12:00，下午为 14:00—17:00），并要求被试当晚保证充足睡眠且避免饮酒。

（2）实验安排在声电屏蔽、微暗的房间里进行。在被试到达之前，主试连接、调试好各设备，以备试验正常进行。

（3）被试来到实验室后签署《知情同意书》并填写年龄、性别、驾龄、驾驶里程等问卷。问卷填写完毕无误后，被试进行头皮、耳后乳突、左眼上下侧皮肤、双眼外侧皮肤等位置的清洁，以便降低皮肤电阻记录脑电信号。

（4）待被试清洁完毕后，为被试戴好脑电帽，并注入导电膏以连接头皮和脑电帽。

（5）在导入脑电膏后，观察各电极电阻情况，若某电极电阻未小于 5 kΩ 则需要进行调整。

（6）待所有电极的电阻都小于 5 kΩ 后，实验正式开始，要求被试关闭手机。实验包含的三部分内容顺序混合平衡，以消除其他因素的干扰。每个子任务开始前都有一段练习以便被试熟悉任务。每个子任务结束后，主试检查各电极的电阻是否仍小于 5 kΩ，若大于 5 kΩ 则应调整后再继续下一个子任务。

（7）实验结束后，为被试脱去脑电帽，整理好相关实验数据，关闭设备，清洗脑电帽。

（四）数据采集

本次实验主要需要采集三类数据：问卷数据、行为数据和脑电数据。

（1）驾驶行为主观问卷采用驾驶风险自我评估量表。

（2）心理学 Go/Nogo 任务行为数据通过 E-Prime 软件自动采集，包括对 Go 刺激正确反应的反应时和对 Nogo 刺激错误反映的误报率；驾驶 Go/Nogo 任务的行为数据通过 STISIMDRIVEM100K 软件自动采集，包括对 Go 刺激正确反应的反应时和对 Nogo

刺激错误反映的误报率;模拟驾驶任务中的驾驶行为绩效也通过STISIMDRIVEM100K软件自动采集,包括弯道限速任务的平均超速量、超速总时长、车道偏移标准差,避让行人任务的距离行人130英尺(1英尺=0.305 m)内的最小速度,跟驰任务的最小碰撞时间。

(3)心理学Go/Nogo任务和驾驶Go/Nogo任务中Go与Nogo刺激诱发的脑电信号通过scan4.5软件进行采集。记录采样率为500 Hz,在线采用M1电极为参考电极。

第四节 基于多导生理信号融合的驾驶警觉度水平识别实验

一、实验原理

(一)背 景

驾驶员作为安全驾驶的关键一环,需要在驾驶过程中对外界保持高度警觉,一旦警觉度水平过低就有可能造成安全事故。因此,对驾驶员在驾驶过程中的警觉度水平进行实时有效的检测,并在警觉度水平过低时进行预警,对提升道路交通安全具有重要意义。本实验结合眼动信号和心电信号探索一种信息融合的驾驶警觉度水平检测方法。

(二)关键词

警觉度是指人集中精力对外界刺激保持警惕性并且将其维持一段时间的能力,足够的警觉度可以保证在人机操作系统中操作人员能够给予及时且有效的反馈,以保证系统运转的安全有效。

对于警觉度的研究,主要是通过研究各项原始信号,最终分析得出具体类别信号与警觉度水平的影响关系。

在本实验中,对于警觉度水平的划分是基于被试在驾驶任务中的刺激反应时来进行的,并通过驾驶行为绩效来对警觉度划分方法的合理性进行验证。

(三)原 理

本实验主要通过驾驶员在驾驶过程中的刺激反应时来对驾驶员的警觉度水平进行划分,随后通过驾驶行为绩效验证划分方法的有效性,最后结合眼动信号和心电信号,构建基于多类指标融合的驾驶警觉度识别模型,以期对驾驶过程中驾驶员的警觉度水平进行有效识别。

二、实验目的

通过模拟驾驶实验记录驾驶过程中驾驶行为数据和生理信号数据,并探究驾驶警觉度与生理信号之间的关系，以期提取出有效的眼动指标和心电指标，为后续构建驾驶警觉度水平识别模型提供理论依据和数据支撑。

三、实验设备

（一）驾驶模拟器

模拟驾驶操纵装置为罗技 G27 驾驶模拟器，为满足实验需求对驾驶方向盘进行改装，显示系统由 EPSONCH-TW610 投影仪和 100 英寸幕布构成，显示画面距离被试 3.5 m，模拟声音环境采用漫步者 R1000TC 双立体声音响。

（二）眼动仪

德国 SMI 公司生产的 RED500 型桌面遥测式眼动仪。

（三）心电仪

美国 BIOPAC 公司生产的 MP150 型 16 导生理记录仪，并配备 ECG100C 心电放大器，以实时高灵敏度监测模拟驾驶过程中被试的心电数据。

四、实验任务与程序

（一）被试的选择

被试身体状况较好，无精神或心理疾病历史，其视力或矫正视力为正常，在实验的前一个月内无药物服用的历史，拥有中华人民共和国机动车驾驶证且驾龄都在 2 年以上。

为保证模拟驾驶实验获取数据的客观有效性，要求被试在实验前一天晚上 11 点前休息，保证不得少于 8 h 的睡眠时间。此外所有被试在实验前的 24 h 内禁止饮用酒、含咖啡因饮料和功能性饮料，并在实验前 1 h 内不得进食任何食物和进行剧烈运动。被试在充分了解实验的全部内容和流程之后，在本人自愿的情况下，签署《知情同意书》。

（二）实验任务

驾驶模拟器呈现的实验场景：车流密度较小的 2 车道高速公路，其中车道的宽度为 3.75 m，线路总长度为 250 km。

实验任务为双任务范式，具体为以下的主任务和次任务：

1. 主任务

模拟驾驶任务，被试通过驾驶模拟器控制车辆，以 100 km/h 左右的行驶速度驾驶模拟车辆行驶在右车道。

2. 次任务

对刺激事件的反应任务,被试在驾驶车辆的过程中,会随机出现音频刺激信号,刺激间隔为 25~35 s,实验任务中总计包含 240 个音频刺激,要求被试在听到音频刺激后尽可能快地做出按键反应,若在音频刺激后 3 s 内未反应则该试次不做记录。模拟驾驶任务持续 120 min,全程无休息。

(三)实验程序

(1)实验开始前一天对被试进行预约,告知进行实验的时间(上午 9:30—11:30,下午 14:30—16:30),需要提前半小时到达,并要求被试在晚上 11 点前休息,保证 8 h 的睡眠时间。

(2)为避免驾驶过程中受到外界因素的干扰,实验开始前将门窗关闭,并在暗光下进行实验,室内温度控制在 26 ℃ 左右。在被试抵达前,主试需调试设备以保证实验正常进行。

(3)被试到来后填写《知情同意书》。

(4)《知情同意书》填写完毕后,主试将相应测试设备连接完毕后告知被试相应的实验注意事项和整体流程,被试进行驾驶练习,熟悉方向盘、刹车、油门、离合等操作性能,此时主试需观测数据是否正常,异常时需进行设备调试以保证最终数据的科学有效性,当被试能够熟练操作驾驶模拟器时,驾驶模拟练习阶段结束。

(5)进行时长 2 h 的模拟驾驶任务,中途无休息,禁止被试进行与实验无关的其他操作。

(6)实验结束后,整理实验测试设备,将实验所得的原始测量数据进行保存。

(四)数据采集

本次实验采集的数据主要分为两类,包括行为数据和生理信号数据。

(1)行为数据。行为数据包含了被试在模拟驾驶实验中对刺激的反应时间,以及在驾驶过程中的行为绩效数据。

(2)生理信号数据。生理信号数据是被试在模拟驾驶过程中诱发的与生理相关的眼动数据和心电数据。